AF298215

# LES
# VOLS ÉMOUVANTS
# DE LA GUERRE

# JACQUES MORTANE

# LES VOLS ÉMOUVANTS DE LA GUERRE

ÉDITIONS PIERRE LAFITTE

90, AVENUE DES CHAMPS-ÉLYSÉES

PARIS

*Au Commandant* LECLERC,
*Chef du Service Aéronautique
du Camp Retranché de Paris.
Hommage de respectueuse
affection.*

Jacques MORTANE.

# LES VOLS ÉMOUVANTS DE LA GUERRE

PREMIÈRES NOTES D'UN
ENGAGÉ VOLONTAIRE
DE L'AVIATION

21 JUILLET 1914. — Les bruits les plus pessimistes commencent à courir. Sans paraître inévitable, une guerre semble très possible. Comme tous les mardis soirs, les membres du Groupe des Aviateurs (dont je suis secrétaire général), se réunissent en un dîner intime dans un hôtel des Champs-Elysées. Il y a là Garros, Audemars, Marc Pourpe, Gilbert, Espanet, Brindejonc des Moulinais, Gaubert, Chevillard, Bill, Bielovucic, Prévot, c'est-à-dire presque toutes les gloires de l'aviation civile. Bien entendu la conversation roule sur le sujet qui nous intéresse tous. Fait curieux, seuls Gilbert, Espanet et Brindejonc sont mobilisables, les autres sont réformés ou étrangers. Je propose une motion

qui est acceptée avec enthousiasme : l'engagement volontaire de tout le Groupe des Aviateurs en cas de guerre. Je rédige la lettre que j'envoie aussitôt au Ministre en y joignant mon engagement qui semble bien pâle, bien minuscule à côté de celui de ces champions. Moi aussi j'avais été réformé : la contagion !

Et l'on discute sur les mérites militaires de l'aviation. Tous sont convaincus des services qu'elle est susceptible de rendre.

— Si l'on nous avait écoutés, déclare Garros, si l'on avait fait appel à nous en temps de paix nous aurions pu être, d'ores et déjà, au courant des missions, nous aurions rendu d'immenses services, tandis que c'est tout un apprentissage à faire.

— Aussi ce qui serait le plus intéressant, ajoute Marc Pourpe (1), ce serait de constituer avec nous, deux ou trois escadrilles de corsaires de l'air dont la seule mission consisterait dans la chasse des oiseaux ennemis et dans les bombardements audacieux.

— La grosse faute, remarque Gilbert, c'est de n'avoir jamais considéré l'avion comme le colla-

---

(1) Cet admirable pilote se tua au retour d'une reconnaissance effectuée dans la tempête, le brouillard et le froid.

borateur des autres armes. Les troupes ne nous connaissent pas et il y aura sûrement des erreurs commises sur la nationalité des appareils. On aurait dû organiser un service d'aviation dans chaque corps d'armée et faire procéder à des manœuvres combinées.

— Avec mon Aviatik, riposte Gaubert, je ne demande pas mieux que d'aller faire des reconnaissances au-dessus des lignes allemandes. L'ennemi me prendra pour l'un des siens.

— Oui, mais les nôtres vous descendront au retour, dit le docteur Espanet.

— Qui est-ce qui aurait pensé, quand j'allais looper au-dessus de leurs têtes, il y a huit jours à peine, qu'aujourd'hui nous parlerions de la guerre avec les Allemands en ces termes, réfléchit Chevillard ?

Garros et Audemars, qui reviennent d'un voyage en Allemagne, où l'ingénieur-aviateur Hirth leur a fait visiter toutes les usines d'aéroplanes, sont en admiration devant la méthode et l'esprit d'organisation de nos adversaires, mais ils n'ont aucune confiance dans leur goût des appareils lourds.

— A la guerre, affirme Garros, c'est l'avion léger qui aura toujours l'avantage. Je n'ai jamais cessé de le déclarer et notre cinquième arme ne l'a pas toujours cru, hélas ! Avec mon monoplan, je ne craindrai aucun adversaire ailé et je passerai souriant au-dessus des fusils et des canons, car j'évoluerai à ma guise, tandis qu'avec un engin trop lourd je dépendrais de lui, et ce ne serait pas lui qui m'obéirait.

— Comment concevez-vous la guerre dans les airs ? Supposez que vous rencontriez un zeppelin ?

— Pas d'hésitation, ripostent en chœur tous les pilotes présents, si nous ne sommes pas armés pour le descendre, nous nous précipiterons dedans. Il y a peu de chances pour que nous en réchappions, mais il y a une certitude pour qu'il aille s'écraser sur le sol. De même avec un avion ennemi, à moins que nous ayions des armes efficaces pour l'abattre.

Telle est la conversation que nous avons eue ce soir, et je ne puis m'empêcher de regarder avec tristesse chacun des convives. S'il y a la guerre, combien en reviendra-t-il ? Au dîner qui suivra la paix, combien seront absents ?

1er AOUT. — Je suis convoqué à la Direction de l'Aéronautique pour fournir tous les renseignements sur les engagés du Groupe des Aviateurs. L'officier qui me les demande connaît peu les pilotes civils et n'a pas l'air d'avoir une confiance illimitée en leurs mérites.

3 Août. — Je vais chercher les feuilles rouges de mobilisation des membres de notre société. *Alea jacta est.* C'est la guerre. Une foule de pilotes, même de ceux ayant abandonné le plus lourd que l'air, se trouvent là pour s'engager. Parmi eux, des incapables, des novices, cherchent par tous les moyens à ne pas rejoindre leur corps. La sélection sera difficile. Le colonel C... me demande d'y collaborer, puisque je connais assez bien l'aviation civile. En trois quarts d'heures, il reste une centaine d'aviateurs intéressants. D'autres, éliminés au premier tour, seront ajoutés par la suite, sans grand intérêt pour l'aviation. Je continue mes démarches pour m'engager, mais on me répond qu'il faut attendre. Moi qui voulais partir avec Garros, Pourpe et tous mes amis, je suis navré. Pour la première fois, on annonce que Garros s'est tué en démolissant un zeppelin.

20 Août. — Mes amis sont partis, ils commencent à faire du travail. Enfin, on accepte mon engagement. Je demande le dépôt de Dijon, car j'ai eu l'occasion d'étudier celui de Saint-Cyr. J'avais des illusions : Dijon lui ressemble. Je me prépare à partir plein d'espoir. Je me vois rame-

nant l'Alsace et la Lorraine dans ma musette. On parle peu des aviateurs. Le public est sceptique. J'ai toujours mon inébranlable confiance.

22 AOUT. — Les formalités de l'engagement ne sont pas à la portée de toutes les bourses, ni de toutes les patiences. Attentes de plusieurs heures, allées et venues du bureau de recrutement à la mairie et retour, secrétaires d'État-Major qui ne reçoivent pas toujours aimablement ceux qui viennent délibérément s'offrir pour faire leur devoir au front. C'est le moment le plus désagréable de la guerre.

23 AOUT. — J'arrive à Dijon. Mon premier repas à l'ordinaire, mauvais souvenir.

Ma première nuit dans la paille, grâce à l'aide de camarades très aimables, me semble douce. Je n'ai jamais si bien dormi. Ma vie au dépôt de Dijon n'est pas exempte d'incidents : je suis d'abord employé comme débardeur. Je vais à la gare décharger les trains de caisses d'essence, de bidons de soude caustique (350 kilos !). Quand on n'a pas subi un entraînement spécial aux Halles, cela paraît dur. Des gradés ne peuvent comprendre que je n'aie pas inné l'art du déménageur. Je leur parle comme dans le civil, on me menace de conseil de guerre : ça commence bien ! Je suis pourtant en bonne compagnie à la corvée : avec S... (1), chevalier de la Légion d'honneur, pilote, avec R..., qui prit part à la Coupe Gordon-Bennett, et dont on n'a pas encore reconnu les capacités, avec B... (2), chef pilote chez Farman. Ces trois aviateurs croupissent au dépôt de Dijon, alors qu'ils pourraient rendre de réels services au front.

Bientôt après on me verse dans le service armé, je suis très heureux. Je fais mon apprentissage avec les bleus de la classe 14 ! Je me sens rajeuni ! J'apprends à saluer, à faire demi-tour — pourquoi ? — à marcher : je n'ai jamais pris tant d'exercice de ma vie. Tout va bien maintenant et je mets les bouchées doubles dans l'espoir de partir plus vite au front.

FIN AOUT. — Victoire ! Je suis désigné pour le front, attaché à l'escadrille M. F. 5 qui s'est déjà signalée par plusieurs exploits importants. Je suis ravi. Fait bizarre, je n'ai jamais si peu entendu parler de la guerre que pendant mon séjour à Dijon.

Je vais par chemin de fer rejoindre mon unité à Belfort. C'est la première fois que je suis en tenue de campagne avec sac, vivres de réserve, fusil,

(1) Fait prisonnier au cours d'une reconnaissance.
(2) Fait prisonnier en avril 1915.

baïonnette, cartouchières, musettes et bidon. Je suis transformé en voiture de déménagement. Et je ne cesse de me répéter : « Dire que par cette chaleur, de pauvres malheureux font des 40 et 50 kilomètres par jour avec tout ça sur le dos ! » J'ai honte de ne pas être plus militaire. Je n'apprendrai d'ailleurs jamais à mettre mon sac tout seul : quelle complication ! Je n'ose me mettre à l'aise dans le train, dans la crainte de ne pouvoir me rhabiller. A Besançon, j'ai la joie bien douce de trouver à la gare mon frère aîné, prévenu télégraphiquement. Conseiller à la Cour d'appel de la Guyane, il a tenu à venir prendre place dans les rangs de l'armée. Quoique territorial de 42 ans, il me fait part de l'engagement qu'il vient de signer pour partir dans un régiment de l'active. Connaissant son ardeur, son courage et sa témérité, j'ai peur. Je l'embrasse comme on embrasse un frère tendrement aimé. Mais j'ai le pressentiment, lorsque le train nous oblige à nous quitter, que je ne le reverrai plus. (1).

J'arrive à Belfort, la nuit, avec quelques camarades. La ville est sombre et silencieuse, les portes

(1) Il devait être atteint par un obus à Vicq-sur-Aisne à la fin de septembre, et mourait trois semaines plus tard à l'hôpital de Chartres. Il fut touché au moment où il venait de prendre le commandement de sa compagnie.

sont soigneusement fermées. Enfin, je respire l'atmosphère de guerre. N'ayant pas le mot, nous avons des difficultés pour aller rejoindre le centre. Nuit dans un hangar, sur de la paille humide et pourrie. Elle me semble agréable ! On entend le canon. Finie la comédie, le drame va commencer.

Dès le réveil, je demande des renseignements, me fais raconter de belles histoires, comme un tout petit. J'écoute avidement, et je prends des notes. Jusqu'ici mon carnet ne contenait rien de bien intéressant ; l'héroïsme va y prendre place. Je transcris des anecdotes multiples, des récits dramatiques.

C'est la présence d'esprit d'un pilote affecté au début à la M. F. 5. Le lieutenant B... à 5 ou 600 mètres, voit son appareil piquer du nez et glisser sur l'aile droite. Chute vertigineuse, mort certaine. Mais soudain, l'officier, se rendant compte qu'un seul geste peut le sauver, commande à son mécanicien G... :

— Courez sur l'aile droite !

Le sapeur comprend, quitte son siège et se précipite sur l'aile opposée à celle qui emporte l'appareil vers l'abîme. Par des prodiges d'équilibre, il continue sa manœuvre pleine de hardiesse et, par bonheur, à cent mètres du sol, alors que

G... arrive aux trois quarts de son dangereux chemin, le biplan se rétablit sous son poids et reprend une position normale. La catastrophe était évitée grâce au sang-froid du pilote, au courage du passager. Celui-ci, en récompense, obtint le galon de premier soldat !

C'est la capture du zeppelin nº VIII à Celle, le 22 août. Deux sections l'avaient aperçu, l'une à Badonvillers, où le sergent qui l'avait signalé fit ouvrir un feu de salve contre lui, l'autre très en arrière, où un maréchal des logis, qui l'avait vu approcher le fit cribler de balles. L'aéronat, blessé à mort, tomba sur une forêt et fut pris. C'était l'un des plus récents de la flotte aérienne allemande. Il avait 148 mètres de long, cubait 20.870 mètres et était muni de 3 moteurs à 6 cylindres de 180 chevaux.

La guerre devient pour moi un véritable cinématographe de sensations enivrantes et d'héroïsme. Comme je ne regrette pas la vie militaire un peu crispante de l'arrière et comme je suis heureux cependant de l'avoir connue : je sais mieux apprécier maintenant !

3 Septembre. — Dans la nuit, vers deux heures, profitant du clair de lune, un avion ennemi vient voler au-dessus de Belfort et lance quatre bombes

qui ne causent que des dégâts matériels insignifiants et ne font aucune victime. L'un des projectiles tombe sur le champ d'aviation. Nous
sortons tous des chambres et des hangars, et,
munis de nos mousquetons, nos cartouchières
autour du ventre, nous tirons sur l'appareil qui
vient de nous réveiller en sursaut. Nous sommes
tous en chemise avec nos godillots seulement
et le spectacle est vraiment risible. Inutile de
dire que nous n'avons pas dû endommager la
chauve-souris allemande ! A cette époque nous
nous dérangions encore pour un aéroplane qui
venait nous bombarder !

7 SEPTEMBRE. — L'adjudant Q... et le lieutenant B... vont lancer deux obus de 90 sur les
rotondes de la gare de Mulhouse. D'après les renseignements reçus, ils réussissent à provoquer,
la chute d'un long pan de mur. C'est l'un des
premiers vols où l'on se sert de bombes. Jusqu'alors
sous prétexte que des civils pouvaient être atteints,
il était défendu d'en lancer. Cette conception
de la guerre qui nous fait honneur, semble bien
enfantine lorsqu'on se souvient des ravages rai-
sonnés et méthodiques que les Allemands espé-
raient causer avec leurs pétards qui partaient si
rarement.

11 Septembre. — Le mauvais temps empêchant tout travail aérien, je cause avec les pilotes. S'ils refusent obstinément de parler de leurs exploits, ils acceptent par contre de raconter ceux de leurs camarades.

Le 26 août, le sergent P... part faire une reconnaissance, vers Gerbéviller, Azerailles, Baccarat, lance trois bombes de mélinite et 1.000 fléchettes sur des rassemblements lorsque les obusiers allemands commencent à ouvrir le feu contre lui et à former un véritable barrage de projectiles. Il faut agir avec sang-froid ; P..., aperçoit un nuage devant lui, s'y précipite. C'est un nuage de pluie. Impossible de distinguer l'équilibre de l'appareil. Le péril provient maintenant des éléments. Il est urgent de sortir de cette épaisseur d'ouate. Heureusement ! l'appareil est en glissade sur l'aile, une glissade qui l'entraîne à une allure vertigineuse vers le sol. Pour comble de malchance l'arbre du vilebrequin s'est brisé en deux et l'hélice se cale. P..., opère avec maîtrise et parvient à redresser son avion, c'est alors le vol plané, mais au-dessus des lignes ennemies, et plus de soixante coups de canon sont tirés contre l'aéroplane. La descente obligatoire continue sans le moindre espoir de se sauver. C'est bientôt le sol ! Les tranchées sont là ! Va-t-il être fait prisonnier ? Non, car, par miracle, l'avion plane plus que le pilote ne le supposait et va atterrir exactement à 150 mètres derrière nos lignes.

Vers la même date, une aventure vraiment dramatique qui faillit amener la capture de toute une escadrille, se déroula au camp de Châlons. L'escadrille de cavalerie Bl. 2, composée de 6 monoplaces, reçoit à Nancy l'ordre de se rendre à Champaubert. Malheureusement, les cartes de cette région manquent. Le colonel C... précédemment à la direction de l'Aéronautique, dit au lieutenant M..., chef de l'escadrille, qui lui en fait la remarque :

— Vous n'aurez qu'à atterrir au camp de Châlons où vous vous débrouillerez.

Cet officier ignorait que cet endroit était alors occupé par les Allemands. L'escadrille part. Une panne empêche le lieutenant C... de prendre part au voyage. Le lieutenant M... atterrit le premier au but et trouve un cuirassier qui, arrivé au triple galop, lui crie :

— Partez ! Partez en hâte ! Les uhlans sont là !

L'officier n'écoute que son devoir; de même que le commandant d'un navire reste à son bord au moment de l'engloutissement, lui, chef d'escadrille, n'hésite pas. Quel que soit le danger, il restera là ! Il attendra tous ses pilotes qu'il n'a pas le droit d'abandonner. C'est le lieutenant S... qui arrive après lui. Il lui exlique la situation en deux mots, remet l'hélice en marche et l'aviateur reprend son vol. Mais une cinquantaine de uhlans qui surgissent dans le lointain ouvrent le feu contre l'appareil qui n'est pas encore à plus de cinquante mètres. Une multitude de balles crèvent le réservoir d'essence. Après quatre minutes de vol, le lieutenant S... doit atterrir, mais il est dans les lignes françaises, à l'abri. C'est ensuite le tour du lieutenant F... Le chef d'escadrille essaie de le mettre en marche, en vain. L'officier quitte alors son appareil, avise une bicyclette, l'enfourche et s'enfuit. Non loin de là, un uhlan qu'il rencontre met sa lance dans les rayons de la roue avant, le lieutenant F... tombe, réussit à nouveau à s'échapper, mais est rejoint dans un bosquet par d'autres Allemands. Nos ennemis se montrèrent d'ailleurs corrects en la circonstance. L'aviateur français ayant demandé à faire prévenir ses parents qu'il était captif, un pilote allemand s'élança aussitôt dans les airs et projeta une lettre dans laquelle il annonçait l'incident.

Pendant ce temps le maréchal des logis V...
arrivait à son tour ; le lieutenant M... l'attendait encore et remettait l'appareil en marche. Le
pilote, pour plus de sûreté, partit en ligne droite
et ne s'arrêta que lorsqu'il n'eut plus une goutte
d'essence. Pour un peu les records allaient être
battus.

Le lieutenant M... restait seul. C'est alors qu'il
consentait à penser à lui. Les uhlans arrivaient,
s'élançaient en avant, ils allaient l'atteindre.
L'officier ne pouvait plus songer à repartir. Il
commençait par mettre le feu à son appareil,
puis se défendait avec son revolver, seul contre
toute la troupe qui l'entourait. Il faisait plusieurs
victimes, mais, succombant sous le nombre,
était tué à son tour.

Les Allemands enterrèrent cet admirable héros
à l'endroit où ils l'avaient immolé. Une croix de
bois posée par eux porte ces mots : « Lieutenant
M..., officier aviateur français. »

21 SEPTEMBRE. — Nous allons partir pour Epinal, puis Nancy. Notre départ est fixé à demain.
Ma vie de vagabond commence.

22 SEPTEMBRE. — Le train de combat, composé
des tracteurs et des remorques, part à huit heures
du matin. Moi qui n'ai pas encore vu le front

de près, je vais pouvoir me rendre compte de toute la grandeur et de la tristesse qu'éveille ce spectacle.

Partout où nous passons, nous rencontrons le plus grand enthousiasme : on nous lance des bouquets, on nous donne des drapeaux, des prêtres nous offrent des médailles, des paysans veulent trinquer avec nous chaque fois que nous nous arrêtons ; on nous applaudit, on nous crie des paroles d'espoir et d'encouragement. Vraiment, dans ces minutes, le soldat vibre et comprend que l'héroïsme et le don de sa vie sont des gestes naturels. C'est pour tous ces braves gens que l'on se bat, c'est pour défendre le sol de nos pères, qu'importe la mort si le triomphe couronne cette lutte acharnée !

Tout le long du parcours, nous rencontrons des travaux de défense. Ce sont, notamment, des palissades parallèles qui coupent la route par la moitié, l'une à gauche, l'autre à droite, obligeant les voitures à faire un détour pour passer. Cette mesure de précaution est destinée à faire capoter les automobiles blindées allemandes qui ont tué beaucoup de sentinelles, la nuit, dans ces parages. Plusieurs se sont écrasées contre ces remparts anodins et les randonnées nocturnes ont cessé

Dans ces fortifications en bois, solidifiées par de la terre et du sable, des meurtrières ont été pratiquées.

Dans les champs, les vieux paysans, voûtés par le dur labeur qu'ils sont obligés de reprendre, et aidés par les femmes qui remplacent les gars mobilisés, abandonnent leur travail à notre passage et nous saluent. L'un d'eux, nous crie : « Hardi ! les enfants ; vengez ceux de 70 ! » Nous sommes très émus ! Avant d'arriver à Epinal, je commence à entendre le bourdonnement du canon ; ce ronronnement que l'on ne se lasse d'écouter comme une musique divine quand on y est habitué, étonne et fait frémir au premier moment. C'est la mort qui passe et va faucher tant d'existences ! On songe à la barbarie ! Mais vite on se rend compte de la nécessité de cette sauvagerie et on aime ce bruit : le 75 français va nous délivrer des agresseurs infâmes !

Nous faisons escale à Epinal, où nous passons la nuit : ville morne et triste. Le centre en est très éloigné, et on ne se sent aucune tentation de descendre dans ce dédale de rues petites, étroites, sépulcrales.

<u>23 SEPTEMBRE.</u> — Départ pour Nancy. Le son des canons, qui n'a cessé de résonner toute la

nuit, devient de plus en plus fort, de plus en plus bruyant. Tout le long du parcours, nous observons des travaux de défense dans les champs : longues tranchées, fils de fer barbelés, tressés en losange, portes improvisées à l'entrée et à la sortie des villages. Elles sont faites avec des caisses, des brouettes, des voitures à bras. Sur tout le parcours, nous rencontrons d'interminables convois de munitions et de ravitaillement. Partout, une multitude de voitures, de camions, d'autobus. Cette vue des autobus est particulièrement saisissante : où sont les grands boulevards ? Maintenant ces véhicules transportent de la viande, de la viande fraîche !

Avant Nancy, à Thaon, changement de tableau. Nous trouvons une petite ville en liesse. Jamais on ne croirait être aussi près du front. Tous les habitants nous accueillent joyeusement. C'est à qui aura le plus d'attentions pour nous. Des jeunes filles nous recousent même nos boutons. Tous les enfants sont coiffés de bonnets de police dont les militaires leur ont fait cadeau. Le canon continue à gronder, mais personne ne s'en soucie, tant tous ces braves gens ont confiance !

Nous arrivons à Nancy sans passer par la ville. Quelques instants après notre entrée à l'aérodrome où sont cantonnées deux escadrilles, on procède à la remise de la Légion d'honneur au lieutenant E...

Cet officier l'a reçue en récompense d'un accident qui lui était arrivé au cours d'une reconnaissance effectuée avec le capitaine J..., observateur. Des balles ennemies ayant crevé le réservoir d'essence, l'atterrissage devint obligatoire. Le lieutenant E... prolongea son vol plané le plus qu'il put et vint se poser près de la forêt de Montdon, non loin de la Meurthe, dans un endroit sûr la veille, mais devenu très dangereux. Un groupe de uhlans arrivait pour capturer les deux officiers, lorsqu'une section de chasseurs à pied vint prêter main forte aux aviateurs. Pour empêcher l'ennemi de s'emparer de leur appareil, ceux-ci y avaient mis le feu dès qu'ils s'étaient rendu compte que les Allemands se trouvaient à proximité. Le pilote et l'observateur furent décorés.

Comme il n'y a pas de chambres au centre, nous devons nous loger aux environs. L'État-Major de l'escadrille s'établit dans un château magnifique appartenant à M. Fould, le grand propriétaire d'une écurie de courses. Je réussis à y habiter aussi.

J'occupe modestement une chambre de domestique, mais je vous assure que le plus beau palais du monde me paraîtrait moins doux que ce domicile à ce moment-là ! J'y suis comme un roi ! Il y a longtemps que je n'ai connu les douceurs d'un vrai lit.

26 SEPTEMBRE. — Le capitaine d'A..., chef de l'escadrille, m'emmène avec lui à la bataille d'Apremont. C'est la première fois que je vais assister à un spectacle aussi grandiose. Nous allons au fort de Gironville qui surplombe l'immense plaine d'Apremont.

De notre observatoire, le regard embrasse une étendue considérable. A notre gauche, le fort de Lérouville qui, depuis plusieurs jours, est la cible de l'artillerie allemande. Les obus viennent y éclater avec une remarquable précision, lançant vers le ciel une longue fumée noire. Le fort, malgré l'attaque, riposte et projette sa mitraille sur les troupes opérant dans le fond de la vallée.

Le fort de Gironville, au-dessus duquel nous nous trouvons, tire également. Les obus sifflent à nos oreilles, nous parvenons même à suivre la direction de certains ; ils se posent, éclatent dans une gerbe de flammes, au milieu d'un épais nuage blanc et le son vient alors frapper nos oreilles. Les tranchées ne sont pas encore de mise. A l'œil nu les troupes semblent de longues chenilles déroulant leurs anneaux qui se désagrègent par instants, se reforment, avancent, reculent.

Notre infanterie tente de reprendre Apremont.

Les mitrailleuses déchirent l'air, le feu de l'infanterie scande leur bruit continu, les baïonnettes scintillent pendant la charge.

De tous côtés les obus éclatent, les fumées s'élèvent en cheminées. Des villages brûlent. A Broussay, en Woëvre, non loin d'Apremont, une attaque d'infanterie admirable réussit à repousser l'ennemi.

Sur une route conduisant à Apremont nous distinguons les restes d'un convoi que le canon a fait sauter la veille. Des « drachen » qui observent les opérations semblent suspendus au ciel autour de la plaine.

Des clameurs s'élèvent, clameurs d'espoir, clameurs de vengeance.

Le bruit de moulin à café des mitrailleuses, le fracas des obus imitant le roulement d'un chemin de fer sur un pont, les lueurs diverses qui nous entourent et illuminent le ciel de toutes parts, tandis que des avions joignent leur ronronnement joyeux là-haut dans les nues, donnent à ce spectacle un caractère majestueux, profondément impressionnant.

Ce qui émeut le plus, c'est moins ce que les yeux cherchent à distinguer dans ce grouillement de chenilles qui semblent plaquées sur le sol, que les mille bruits divers de toutes ces bouches à feu qui crachent la mort.

Au retour, nous rencontrons dans les villages que nous traversons des fantassins, des dragons, des coloniaux, des cuirassiers, des chasseurs. Certains arrivent à pied de Nancy pour la contre-attaque de la nuit.

Couverts de poussière et de sueur, ils sont morts de fatigue.

Ils attendent le signal ; combien y resteront de ces malheureux qui vont oublier leur détresse physique à l'heure de l'assaut !

Parqués comme on fait des taureaux dans le toril pour les rendre plus sauvages, tout à l'heure ils vont être lancés contre les envahisseurs et essayeront de les repousser.

Comme le soleil, immense disque rouge tel le sang qui inonde la plaine, descend à l'horizon, dans le flamboiement céleste, je ne puis m'empêcher de modifier la phrase latine *Morituri te salutant* et de penser : « Je vous salue, ô vous qui allez mourir. »

En regagnant Nancy, nous retrouvons peu à

peu la sereine paix des champs ; des compagnies de perdreaux s'égrènent devant nous, repoussées de leurs refuges, dans ce crépuscule, le dernier pour tant de héros.

27 Septembre. — Je me décide à descendre à Nancy à pied. Jusqu'ici les six kilomètres de trajet m'avaient fait hésiter, d'autant plus que je croyais trouver une cité morne et angoissée. Combien était grande mon erreur !

Nancy ? Mais c'est un petit Paris... Tous les magasins sont ouverts ; une foule élégante envahit les rues.

Nous voyons des jolies femmes, des gens habillés en civil, particularités qui nous semblent infiniment curieuses et originales. On se sent revivre dans cette atmosphère.

Jamais on ne croirait que cette ville a connu des dangers, que Guillaume II se préparait à y faire une entrée triomphale, que presque chaque jour des avions viennent la bombarder. De-ci de-là, on rencontre bien un trou dans le sol, une maison éventrée, une horloge d'église détériorée, un étage auquel manque la façade. Mais personne ne s'inquiète des oiseaux malfaisants, auteurs de ces agressions sauvages et stupides, effectuées sur une ville ouverte.

Les Allemands n'en sont pas à une ville ouverte près, il est vrai ! Rien n'est changé à la vie normale du grand centre de l'Est. On ne pense presque pas à la guerre.

Nancy où je respirais l'air de Paris restera certainement comme l'un de mes meilleurs souvenirs de la campagne.

Aussi ne nous y laisse-t-on que quinze jours... c'était trop beau !

S U I T E

DES NOTES

 <u>4 Octobre</u>. — Nous partons pour Toul ! Le temps est sombre, gris, triste, froid. Où est le soleil éclatant et joyeux qui nous accueillit à Nancy ? Vingt kilomètres seulement séparent les deux villes qu'on croirait pourtant à mille lieues l'une de l'autre. En arrivant à Toul, on s'imagine pénétrer dans une nécropole ; les grandes portes à pont-levis semblent s'ouvrir sur une prison horrible et malsaine. C'est dimanche ; dans les rues tortueuses, étroites et sales, on ne rencontre que des soldats des jeunes classes qui se pressent, s'attroupent pour voir on ne sait quoi : « Ah ! ce qu'on rigole quand on est de sortie ! » L'arrivée du train de combat de l'escadrille fait d'autant plus sensation que le sergent-comptable (qui se pare du titre de sergent-aviateur) nous perd dans le dédale des rues. Tels les défilés des féeries de province, nous repassons trois ou quatre fois au même endroit ! Les tracteurs heurtent les trottoirs.

Les murs semblent se resserrer à chaque passage. On manque d'air dans cette ville où tout est fermé, où tout semble mort. Les environs sont couverts de casernes. On en a mis partout ! Dire que nous allons rester là ! Nous espérons encore ne pas y vivre longtemps : j'en suis parti fin janvier ! Passer l'hiver au centre de Toul, dans un sol marécageux et insalubre, dans une région qui vous glace le corps et le cœur, c'est le châtiment que je ne souhaite pas à mes pires ennemis !

Le centre est vaste et comprend plusieurs hangars de grandes dimensions. Trois escadrilles sont là. Je retrouve des camarades que j'ai connus à Dijon, des pilotes de mes amis, le maréchal des logis V..., le danois J..., des officiers que j'eus l'occasion de voir étant civil. Ma mauvaise impression du début s'estompe légèrement.

On se croirait dans un village nègre d'exposition, à part deux grands locaux, l'un pour la cuisine et le mess des officiers, l'autre pour le logement de ces messieurs, des sous-officiers et de la troupe. On voit, de-ci de-là, sur le champ, des baraques où sont les bureaux des escadrilles. Les cuisines de chaque unité sont en plein air. Leur odeur se mélange à celles de l'essence et de l'huile de ricin. Dans les chambrées, les hommes sont quarante, là où il y a vingt-cinq places. Je sais bien que dans les tranchées on ne jouit pas de ce confort relatif et qu'il y a des gens plus malheureux que nous. Mais comme nous regrettons Nancy !

Fort heureusement, les pilotes de valeur sont nombreux ici. Je connaîtrai, grâce à eux, sans doute, des moments passionnants. Nous sommes appelés à aller souvent en avant. Les émotions de la guerre nous feront passer sur ce que la vie de caserne aura de désagréable !

5 Octobre. — L'artiste peintre G... de S... qui est soldat vient au centre pour faire des expériences picturales permettant de rendre invisibles nos pièces d'artillerie et nos artilleurs. Sur des toiles étendues sur le sol, il essaie de retrouver la couleur exacte de la terre et du gazon. Ce travail de décorateur n'est pas aussi facile qu'on pourrait le supposer. Toute la journée, le spécialiste de portraits de femmes accomplit sa mission guerrière et, le soir venu, fait dresser la toile sur des piquets comme si une pièce était dissimulée dessous.

6 Octobre. — Le sergent C... (1), de l'escadrille B. 9, vient d'atterrir. Au cours d'une reconnais-

---

(1) Tué depuis dans un combat aérien.

sance au-dessus de Chambley, il a été accueilli par plus de cent coups de canon. Son appareil, qui se trouvait à 1.800 mètres d'altitude, a été atteint en plusieurs endroits. Un éclat est entré dans le casque du pilote. Sans cette coiffure, C... était tué. Il en a été quitte pour une forte commotion.

On me raconte cette anecdote : « il y a au 5e régiment de hussards un adjudant, très remarquable tireur. Tous les jours, il s'en va avec cinq ou six cavaliers à la chasse aux uhlans... Les hommes n'ont qu'une mission : éveiller l'attention des Prussiens et s'enfuir aussitôt. Les uhlans, naturellement, foncent dès qu'ils aperçoivent l'adjudant isolé ; celui-ci, avec son mousqueton, ajuste tour à tour chacun des assaillants et les descend jusqu'au dernier ».

Comme dans toute société qui se respecte, un des auditeurs narre après une histoire du même genre :

« Un adjudant du 26e d'infanterie a été surnommé « l'homme-affût » par suite de sa précision extraordinaire. Il y a quelque temps, un Allemand vient à 600 mètres de la tranchée pour inspecter nos lignes placidement. Afin d'être à l'abri, le Boche a lâchement emmené avec lui deux paysannes françaises qui l'encadrent. Il se croit ainsi sûr de l'impunité. Il a fait erreur : notre adjudant est prévenu ; il vient, prend son temps, ajuste son coup. Il tire : l'Allemand tombe raide ! Les femmes le suivent également dans la chute, mais d'émotion ; elles se relèvent vite et courent vers les nôtres, laissant étendu à terre le corps du lâche trop ingénieux ».

8 OCTOBRE. — Il vient de se passer à côté de nous un fait assez amusant : une sentinelle a rrêté un espion allemand. Celui-ci habillé en capitaine de l'armée française passait sur la route, lorsqu'il arrive devant un poste. Le territorial de garde lui présente les armes.

Stupidement, ce qui prouve que même les plus grands bandits ne savent pas penser à tout, le pseudo-officier répond aux honneurs qui lui sont rendus, mais en saluant à l'allemande. Aussitôt la sentinelle se précipite sur lui et l'arrête. C'était un officier allemand qui faisait de l'espionnage. La prise était bonne.

10 OCTOBRE. — Le 81e d'infanterie passe devant nous. C'est le régiment glorieux de Montpellier dont le drapeau a été tellement abîmé par la mitraille qu'on dût le renvoyer à son dépôt. Défilé vraiment impressionnant et lugubre que celui de ces hommes qui reviennent du feu pour y retourner dans une autre région qu'ils ne connaissent pas encore.

Ce sont des Méridionaux. Depuis 72 jours, le régiment combat sans cesse : Ces soldats sont sales, hirsutes, couverts de poussière ; les capotes, les sacs portent des traces de balles. Dans un bataillon, deux officiers seulement. Eux et leurs collègues, pour reposer leurs chevaux, marchent à pied, comme leurs hommes !

Auprès du centre, ils font la pause. Nous allons causer avec ces braves qui suivent avec intérêt les évolutions de nos appareils. J'interroge le sergent Louis S..., de la 8e compagnie, qui me raconte de nombreuses anecdotes en fumant des cigarettes. Je les transcris dans le désordre de notre conversation.

« Le 22 septembre, la nuit, un régiment arrive ; nous croyons que c'est le 96e qui doit nous rejoindre. Nous nous sommes trompés, ce sont des Allemands qui avancent ; nos premiers rangs sont décimés; nous nous replions, mais en nous défendant, et il n'est pas resté beaucoup d'hommes parmi les assaillants. Ils n'ont pu profiter de notre erreur.

« Sauf au cours de trois ou quatre rencontres, ce sont surtout les obus qui ont fait la besogne dévastatrice. Pourtant, l'effet de leurs canons est moindre que celui des nôtres, mais il faut reconnaître que leurs pièces sont très rapides.

Nous percevons l'éclair en même temps que le son. C'est surtout la nuit que nos ennemis mettent à profit pour faire leurs attaques.

« Du côté du bois de la Hazelle, le 30 octobre, arrive une batterie de 220 qui est placée derrière le village de Bernécourt. Elle est destinée spéciale-ment aux attaques d'avions. Le lendemain de son arrivée, un aéroplane allemand passe à 1.800 mètres. Elle tire. Au trentième coup, nous voyons une immense flamme : le réservoir a pris feu et l'appareil tombe comme une torche pour venir s'écraser sur le sol.

« Les Allemands auxquels nous avons eu affaire jusqu'ici m'ont paru être de très remarquables tireurs. Ils se mettent dans les arbres pour nous atteindre. Dès qu'on passe la tête hors de la tran-chée, on est un homme mort.

« Au 81e, les vrais héros sont ou des prêtres ou des apaches. Et d'ailleurs, fait curieux, ceux-ci adorent ceux-là qui passent leur temps à leur inculquer de bons principes et cherchent à profiter des horreurs de la guerre pour refaire une vie propre à ces dévoyés qui font maintenant l'admiration de tous.

« Vous voyez là-bas ce petit soldat qui a une tête de voyou, c'est un homme extraordinaire. Il est allé aux travaux forcés, il a commis pas mal de vilaines choses dans le civil ; jamais, depuis la guerre, personne n'a eu quoi que ce soit à lui reprocher. Il est proposé pour la médaille militaire.

« Chaque nuit, il prenait un petit bouclier pour se protéger et s'en allait emportant autant de grenades qu'il pouvait pour aller les lancer dans les tranchées ennemies qui n'étaient pas à plus de 150 mètres des nôtres. Il s'approchait le plus possible, et, à la lueur des flammes, il faisait des grimaces à ses victimes. Puis, il se mettait à plat ventre, revenait sous la fusillade, reprenait un chargement et recommençait.

« Quant au caporal qui cause avec un adjudant, c'est le prêtre de G..., de la Compagnie de Jésus. Il vient d'avoir la médaille militaire et est proposé pour la croix. Une nuit, on demande quatre volontaires pour une reconnaissance dans le bois de la Hazelle. Il se présente ainsi que trois soldats. Sur la lisière du bois, les trois soldats refusent d'avancer. — « Partez, vous êtes des lâches, j'y vais seul », répond de G....

« Les autres veulent l'en dissuader, ils n'y réussissent pas et s'en vont comme des pleutres. Toute la nuit, le prêtre bat le bois en tous sens et revient à l'aurore avec une moisson de renseignements de la plus haute importance et quatre prisonniers allemands. A son retour, un **lieutenant** lui fait part de son chagrin. Il a perdu sa trousse contenant des papiers secrets.

— Où est-elle ?

— Là-bas, à 100 mètres des Boches, dans la plaine.

— J'y vais.

— Vous êtes fou, c'est aller à la mort.

— Peut-être, mais c'est sûrement aller au devoir.

« De G... s'en va. Nous le suivons anxieux, angoissés. Un homme tué, c'est peu de chose à la guerre, mais dans certaines circonstances, cette fin provoque une émotion profonde.

« Il avance en rampant. Soudain, les Allemands le voient. Ils ouvrent le feu. Il va toujours, accroupi maintenant sur les genoux pour arriver plus vite. Le feu redouble. La trousse est ramassée par notre camarade. Maintenant il revient à reculons. Que de munitions pour un seul homme ! De G... est maintenant auprès de nous, il nous parle, il rentre dans la tranchée. Victoire ! il est indemne et rapporte le précieux fardeau » (1).

La halte est terminée, il faut nous quitter. Je

(1) Le R. P. de G... eut deux citations à l'ordre du jour, dont l'une à la suite de sa mort :

Dans la nuit du 25 au 26 septembre a pénétré à deux reprises vois partir à regret mon camarade de fraîche date qui, avant de se remettre en route, me confie son carnet pour le recopier et le faire parvenir à ses parents. Aurai-je la fin du carnet du sergent S... ? Il m'a promis de me l'envoyer s'il survit.

Je reçois une lettre de mon ami Pierre V..., qui, chef pilote en Angleterre, s'est engagé avec le groupe des aviateurs :

« J'ai été blessé à la bataille de la Somme. Voici mes débuts. Dès mon engagement, je suis entré dans une escadrille où j'ai volé jusqu'à cinq heures par jour pour poursuivre les Taubes. Je fis la bataille de Meaux et de Nanteuil-le-Haudouin, puis, départ pour Amiens. Reconnaissances de 3 heures jusqu'à 75 et 100 kilomètres à l'inté-

---

différentes dans le bois de la Hazelle, jusqu'au contact immédiat des Allemands dont il a reconnu les emplacements et l'organisation. Ne s'est retiré que sous le feu le plus vif échangé par les deux parties. A accompli déjà seul, comme chef de patrouille, de nombreuses reconnaissances, du même genre, notamment à Gerbeviller, »

« Sous-lieutenant de G..., 81ᵉ d'infanterie : prêtre dans la vie civile et arrivé au régiment comme soldat réserviste, devenait bien vite pour ses chefs un auxiliaire dévoué et pour ses camarades, l'ami qui conseille, soutient et réconforte. A toujours été volontaire pour toutes les missions délicates et périlleuses ; a réussi par son audace à rapporter des renseignements précis sur l'ennemi, Nommé caporal le 8 septembre, décoré de la médaille militaire le 30 septembre, promu sergent le 16 octobre, sous-lieutenant de réserve le 26 novembre, a été frappé mortellement, le 7 décembre, dans une tranchée, au moment où il allait prier sur le corps de deux hommes de sa compagnie. »

rieur des lignes allemandes pour lancer des bombes et des fléchettes.

« Le 30 septembre, je pars avec le sous-lieutenant V..., pour découvrir l'infanterie allemande et laisser en même temps aux Boches ma carte de visite. Nous volons à 1.200 mètres de hauteur dans les nuages. Lorsque je pense être au-dessus du point cherché, je descends de 50 mètres. Mon observateur se repère, jette ses bombes et je fais demi-tour pour juger des effets obtenus.

« Juste à ce moment, une balle traverse la carte que le sous-lieutenant V... tient à la main, une seconde l'atteint au pied et la troisième qui est pour moi, me rentre derrière le talon et ressort devant la jambe au-dessus de la cheville, après une course de 12 centimètres.

« Ma jambe devient raide, et je suis à 17 kilomètres de nos lignes. Il ne faut pas me laisser vaincre par la douleur, ni par la faiblesse. Je perds beaucoup de sang, mais peu importe et je conduis avec un seul pied. Pour faire croire aux ennemis que je suis mort ou grièvement blessé, et pour les engager ainsi à ne pas continuer leur tir, je fais des glissades sur l'aile, désordonnées. Ils ne tirent plus, s'occupant seulement de l'endroit où je vais m'écraser. Mais, pas si bête, je continue mon vol vers mon centre et nous y atterrissons sans inci-dent ; mais comme j'ai souffert ! »

Décidément le courrier d'aujourd'hui me gâte ; j'ai aussi des nouvelles du brillant rameur René M... qui, fantassin, vient de l'échapper belle. Prisonnier, condamné à être fusillé par les Alle-mands, il parvient à s'échapper et sitôt rentré, part pour une attaque où il est grièvement blessé. Telle fut son odyssée en l'espace d'une matinée.

A son départ de Paris, son père en le quittant lui avait dit en plaisantant :

— Tiens, j'ai de la monnaie allemande, prends-la ; tu la dépenseras quand les Français entreront à Berlin...

Et il lui remet une vingtaine de francs. M..., en arrivant au corps, les met au fond de son sac et part. Il se battait depuis quelques jours lors-qu'on demande un volontaire pour aller faire une reconnaissance. Il se met en route et, tout à coup, se voit entouré par un parti d'Allemands qui le fait prisonnier. Par hasard, ces ennemis n'étaient pas franchement désagréables. Ils emmè-nent leur captif et le fouillent. Ils ouvrent son sac où ils trouvent du tabac, du papier à cigarette qu'ils se partagent et... la fameuse monnaie allemande. Changement immédiat d'attitude :

« Votre compte est bon, déclare le sous-officier ; vous avez volé cet argent à un de nos hommes ; vous allez être fusillé. Le temps de prévenir mes chefs et je reviens. Vous pouvez recommander votre âme à Dieu ! »

Vous vous rendez compte de la situation. Sauf un miracle, c'est la mort, une mort peu glorieuse, combien épouvantable ! Les hommes montent la garde autour de M..., mais ils ne peuvent résister au désir de rouler une cigarette. Leur prisonnier semble bien placide. Ils posent leurs armes et prennent du tabac. Le Français a vite fait de juger la situation ; il se souvient de ses démarrages au rugby, de ses matches de sportsman accompli. D'un bond il est debout et le voilà qui détale à toutes jambes vers nos lignes...

« André, m'écrit-il, m'a toujours battu dans les courses, mais ce jour-là, je crois qu'il n'aurait jamais pu me rejoindre ».

Les Allemands, à peine revenus de leur surprise, tirent sans discontinuer. Les balles sifflent à droite, à gauche, mais ne peuvent atteindre le fuyard. Enfin, les Français ! Tel le soldat de Marathon, M... donne encore un violent effort et se laisse tomber. Ses officiers le semoncent sous prétexte qu'il les a fait attendre et qu'il devrait être revenu depuis longtemps. Il n'a même pas le temps de leur expliquer son aventure. Alerte, attaque. Il faut repartir. Et dans une charge à la baïonnette, où l'ardeur de nos hommes nous fait avancer plus vite que ne le pensaient nos artilleurs, un obus de 75 éclate à 30 mètres de M..., l'atteint et lui déchire une cuisse. Grièvement blessé, il est évacué et attend sur son lit de souffrances le moment d'écrire un nouveau chapitre à son histoire fantastique de la guerre.

15 OCTOBRE. — Des prisonniers passent devant nous. Je cause avec l'un d'eux qui parle le français. C'est un ancien garçon du café de la Paix, sergent réserviste. Il m'avoue s'être rendu parce qu'il en avait assez. Je crois qu'il ne ment pas ; il est d'une propreté absolue, on sent qu'il n'a pas dû beaucoup combattre. On croirait qu'il revient d'un défilé plutôt que de la guerre. Il sourit avec satisfaction et reconnaît parmi nous d'anciens clients

— Nos officiers, dit-il textuellement, nous ont bourré le crâne ! J'en ai marre !

Il appartient à un convoi de 250 hommes. Deux seulement parlent français, et ce sont ceux-ci qui furent chargés par leurs camarades de faire la soumission. Tous semblent ravis de se tirer de la guerre à aussi bon compte.

21 OCTOBRE. — Journée de deuil. Toute la nuit, il y a eu une fusillade terrible et un duel d'artillerie constant au bois de Mort-Mare. Plus de 2.000 obus ont été envoyés par les nôtres. Les pertes allemandes sont énormes. Ce n'est d'ailleurs pas sans victimes que nous avons mené notre attaque. Pour se rendre compte des modifications apportées aux travaux défensifs de nos ennemis qui vivent à trois mètres sous terre dans ce véritable charnier l'État-Major commande à nos aviateurs d'aller faire des reconnaissances.

Le temps est épouvantable pour l'aviation. Le « plafond » est extraordinairement bas. De la brume, des nuages, du vent. Mais rien ne saurait arrêter nos oiseaux quand il s'agit d'une importante mission.

L'adjudant Q..., part avec le sous-lieutenant F..., observateur remarquable. En arrivant au-dessus du bois de Mort-Mare, il est à 1.400 mètres, mais est obligé de descendre encore pour voir avec netteté. Il est accueilli par une grêle de coups de canon qui, par vengeance, cherchent à l'atteindre.

Soudain, lui et son passager aperçoivent un monoplan qui évolue très bas, vire à droite, et vient se poser à terre, juste devant les tranchées allemandes. Aussitôt, comme d'une fourmilière, surgit une masse d'hommes qui cherche à approcher de l'appareil. Ce sont les Allemands qui viennent sans doute faire prisonniers ceux qui le montent. Qui sont-ils ? Que se passe-t-il ? L'adjudant Q..., et le sous-lieutenant F..., soupçonnent un drame, mais ne peuvent pousser plus loin leurs investigations. En effet, les éclats d'obus continuent à les encadrer, la fumée se mêle à la brume, et ce sont des remous continuels dans une atmosphère de coton.

Mais que doivent penser ceux qui viennent de se poser sur le sol, devant les Allemands, en reconnaissant là-haut l'oiseau de France qui, malgré la canonnade, continue allègrement sa mission sans cependant pouvoir leur prêter le moindre secours.

Quelques instants après, un nouvel appareil passe sur le même point ; le lieutenant B..., qui le monte voit nettement le monoplan sur le sol ; il est maintenant isolé, semble intact et il n'y a plus personne autour.

Vers six heures, nous apprenons les diverses phases du drame : il s'agit de l'adjudant C..., et du sénateur Reymond qui, partis de Nancy, et étant obligés de descendre au-dessous des nuages pour accomplir leur mission, ont été victimes d'une panne de moteur qui les a fait atterrir à 50 mètres à peine des tranchées allemandes et à 600 mètres des nôtres sous le feu nourri de l'artillerie et de l'infanterie ennemies.

Dès qu'ils se furent posés à terre, la fusillade recommença ; l'adjudant C..., fut tué aussitôt qu'il tenta de descendre de son appareil. Le sénateur Reymond fut atteint de deux balles qui traversèrent l'épine dorsale. Son état est désespéré.

22 OCTOBRE. — Cette nuit, le sénateur Reymond est mort des suites de ses blessures ; jusqu'à son dernier soupir il a conservé toute sa connaissance, expliquant à ceux qui voulaient lui cacher sa fin prochaine, qu'avec des blessures comme les siennes il ne pouvait pas échapper au destin. Il a demandé un secrétaire et, malgré son extrême faiblesse, a trouvé l'énergie de dicter un compte rendu très précis de sa reconnaissance.

Il raconta également les conditions dans lesquelles il était venu atterrir avec l'adjudant C...: les tranchées étant rapprochées et la brume très épaisse, ils crurent pouvoir descendre devant nos lignes, mais leur vol plané en décida autrement. Dès qu'ils furent au sol, nullement touchés par la multitude de balles que leur avaient envoyées les Allemands tandis qu'ils évoluaient, ils sautèrent hors de l'appareil. Au même moment, nos hommes qui n'osaient tirer dans la crainte de tuer les aviateurs, se précipitaient à l'assaut, entouraient l'appareil et repoussaient les agresseurs. Au cours du combat, le sénateur Reymond recevait deux balles. Il était emporté par nos hommes ainsi que le corps de C....

La nuit venue, nos troupes revenaient chercher l'appareil et le ramenaient dans nos lignes, malgré un duel acharné avec les ennemis, furieux de leur échec.

Je pense aux conversations que j'ai eues récemment à Nancy avec le sénateur Reymond au sujet de l'aviation militaire. Depuis quatre ans, il me faisait l'honneur de suivre mes travaux sur la question et, nous retrouvant au bout de deux mois et demi de campagne, c'est avec un puissant intérêt que nous discutions sur la réalité après avoir tant épilogué en temps de paix sur ce que serait la guerre aérienne.

23 OCTOBRE. — Le beau temps relatif provoque de nombreuses sorties au centre, et depuis les premières lueurs du jour, jusqu'au crépuscule, ce sont des vols continuels. Il est intéressant de donner le résumé d'une journée assez courte, dans un centre de l'Est :

Le maréchal des logis H... (1) de la Br. 17, fait une reconnaissance au-dessus de Royaumeix, Bernécourt et Bouillonville. Au-dessus de ce dernier endroit, il laisse tomber deux obus de 90 sur un rassemblement. Il constate l'effet de son tir : les deux obus forment un trou noir d'où s'échappe une longue flamme, et c'est aussitôt une débandade générale.

A l'escadrille M S. 31, le lieutenant C... lance au cours de deux voyages 4.000 fléchettes et quatre bombes sur Thiaucourt. Il voit, dans son premier bombardement, ces projectiles tomber exactement sur un convoi. Le lieutenant S... (2) et le maréchal des logis V... vont chacun projeter 30 kilos de fléchettes et deux bombes sur le même objectif.

Le lieutenant de B... fait une reconnaissance sur Pont-à-Mousson et Metz. Le sergent du T... exécute deux réglages de tir. Le maréchal des logis G... avec le capitaine M... a une panne d'essence, le réservoir ayant été traversé par les balles. Il descend au milieu de la fusillade sur le premier terrain qui s'offre à lui. Est-il chez les Français ou chez les Allemands ? Il ne le sait

---

(1) Tué depuis en avion.
(2) Tué dans un combat aérien.

4.

pas. Fort heureusement, c'est de notre côté. Tel est le bilan de l'escadrille Bl. 18.

A la M F. 5, le sergent L..., fait une reconnaissance d'objectifs de deux heures avec le sous-lieutenant F... sur Saint-Boussand, Gironville, Nousard, Thiaucourt, le bois Mort-Mare, Minorville.

Le maréchal des logis V... effectue une reconnaissance de batterie. Le caporal P... fait un réglage de tir avec le lieutenant P.... Il en refait deux autres aussitôt après, dont un sur les ponts de Saint-Mihiel. Le lieutenant P... signale que le pont de pierres a été en partie démoli par notre tir, mais qu'un pont en bois a été construit entre les culées restées intactes. Un pont de bateaux, déjà signalé à 200 mètres en amont du pont de pierres, existe toujours.

Au cours de son réglage au-dessus de Saint-Mihiel, le caporal P... poursuit et met en fuite un Aviatik. Déjà le 15 octobre, il avait réussi un exploit semblable. Il essayait avec le lieutenant P..., observateur un réglage de tir de batteries de 155 long. Ayant atteint 700 mètres, il se rendait compte que la brume empêchait toute observation. Il se disposait à descendre lorsqu'il apercevait à faible distance un Albatros qui semblait faire du réglage pour le compte des batteries ennemies. Gagnant de la hauteur à la faveur de la brume, au risque de se perdre, le caporal P... réussissait à se maintenir à une altitude légèrement supérieure à celle de l'avion ennemi et de s'en rapprocher à moins de cent mètres. Le lieutenant P... ouvrait alors un feu d'une douzaine de cartouches sur l'Albatros, qui se mettait aussitôt à la descente et rentrait en hâte dans ses lignes.

24 OCTOBRE. — Obsèques très émouvantes de C... et du sénateur Reymond dont nous allons chercher les corps en délégation à l'hôpital militaire. La mère et la veuve du regretté parlementaire sont là. Tous les officiers et aviateurs de la garnison de Toul suivent le cortège. Les corbillards sont couverts de couronnes, dont une porte cette inscription : « A. Briand et A. Sarraut à E. Reymond ». Sur le chemin, une foule attend, recueillie ; devant l'école, l'instituteur a fait mettre au « garde à vous » tous ses élèves ; dans les champs les cultivateurs saluent militairement. Après une cérémonie très émouvante à l'église, nous allons au cimetière. C'est un cimetière spécial, loin de la ville, réservé aux victimes de la guerre ; de nombreuses tombes sont installées avec ordre et méthode. Toute une rangée est

ouverte d'avance. On n'a plus qu'y à déposer la funèbre boîte : c'est lugubre ! Les soldats sont placés par religion. Une petite croix avec le nom, un tas de terre, parfois quelques fleurs, et c'est tout. Il y a des Allemands, des étrangers, tous bien séparés les uns des autres, par catégories. Sous le roulement et le grondement incessants du canon vengeur, nous écoutons les discours du représentant du chef de la première armée, du chef du service des reconnaissances, du chef de l'escadrille, et de M. Mirman, préfet de Meurthe-et-Moselle.

25 OCTOBRE. — J'éprouve la première grande douleur de mon existence. Mon frère, Henry Romanet, qui avait été blessé le 29 septembre à Vicq-sur-Aisne, est mort le 21 octobre à l'hôpital de Chartres des suites de ses blessures. C'est ce matin que j'apprends la lugubre nouvelle, en même temps qu'une lettre de ma mère m'annonçait que le major prédisait la convalescence avant trois semaines. Je sens ce qu'est un cœur déchiré. Je ne puis croire que je ne verrai plus mon frère aîné, et pourtant quand il m'a fait part de son désir de partir dans un régiment de l'active, j'ai eu le pressentiment que je l'embrassais pour la dernière fois, tant je connaissais son courage indomptable et son patriotisme

vibrant. Président du Tribunal civil de Pointe-à-Pitre, il venait d'être nommé conseiller à la Cour d'appel de Cayenne, lorsque la guerre éclata. Il était en traitement à l'établissement thermal de Vichy quand parut l'ordre de mobilisation. Il partit à Besançon dans un régiment d'infanterie territoriale. Mais bientôt cette vie de l'arrière lui pesa. Malgré ses quarante-deux ans, il se souvenait des prix de tir et des épinglettes qu'il avait gagnés au service ; deux mises à l'ordre du jour du régiment pour faits de bravoure (deux religieuses sauvées des flammes et quatre apaches arrêtés par lui tout seul) revenaient à sa mémoire. Il s'engagea dans un régiment de l'active qu'on reformait : le 60e. Après onze jours de combats acharnés, il fut grièvement blessé au moment où le dernier officier survivant lui passait le commandement de sa compagnie. Le côté gauche atteint par un éclat d'obus, les reins déchirés, il se refusa à être évacué ; en dépit de ses protestations, huit braves, qu'il suppliait de rester à leur poste, le pansèrent sommairement et le portèrent sur leurs fusils, sous le feu incessant de l'ennemi, à huit kilomètres de là, à la plus proche ambulance. Envoyé à l'hôpital de Chartres, c'est là qu'il vient de rendre le dernier soupir.

Je suis fier de la fin glorieuse de ce héros, comme je suis fier de mon frère Maurice, secrétaire de la Société d'Encouragement. Celui-ci, au mois de septembre, fut frappé d'insolation, laissé pour mort sur le champ de bataille pendant trois heures, et refusa de quitter son poste quand il fut ranimé. Puis il reçut un éclat d'obus au bras. Un commencement de fluxion de poitrine eut enfin raison de ses forces ; et c'est à ce moment seulement qu'il consentit à être envoyé à l'arrière où il se soigne.

Oui, je suis fier, mais quelle que soit la douceur de cet héroïsme, ce ne sont pas ceux qui partent qui sont à plaindre. Et comme j'aurais voulu prendre la place de mon aîné, qui laisse une femme et deux filles. C'eut été plus juste ! . . . . .

Je termine ici ma première série de souvenirs. Quoique dans le service de l'aviation, j'ai eu le plaisir de fréquenter des représentants de toutes les armes et de moissonner ainsi une ample récolte de faits héroïques et dramatiques. Je suis heureux de m'effacer devant toute cette gloire.

Vivre l'existence de nos glorieux pilotes, connaître leurs pensées intimes, apprécier leurs sentiments, disséquer leurs émotions au cours de leurs exploits, tel est le but que nous nous proposons. Dans cet ouvrage nous donnerons le récit de quelques-uns des vols les plus émouvants de la plupart de nos héros de l'air. Ce sont ceux-ci ou des témoins qui nous ont fourni tous les renseignements permettant de garantir l'authenticité absolue des faits rapportés.

A tout seigneur, tout honneur ; c'est par le fameux champion Eugène Gilbert, le tueur de Boches, que nous commencerons. Le lecteur se souvient qu'avant la guerre l'émule et ami de Roland Garros avait accompli plusieurs raids prodigieux, tels le tour de France de 3.000 kilomètres en 36 heures (nuit comprise) et le voyage de Paris à la Baltique à plus de 200 kilomètres à l'heure (1.100 kilomètres en 5 h. 21 m.). Pendant la campagne, Gilbert se spécialisa surtout dans la chasse aérienne, avant d'être fait prisonnier au retour d'une mission de bombardement sur Friedrichshafen. Écoutons-le raconter ce vol, qui mit fin momentanément à sa carrière de guerrier :

« Mon souvenir de guerre le plus impressionnant? A vrai dire, j'en ai plusieurs qui se valent, et je suis bien embarrassé pour choisir !

« Est-ce le premier coup de canon reçu en Lorraine, à 2.200 mètres, et qui me fit me réfugier derrière un nuage ?

« Est-ce l'incendie, rougissant le crépuscule et contemplé du haut des nues, de Gerbéviller et de trois ou quatre autres villages dont les habitants couraient entre les flammes, les hordes d'Attila dansant comme des démons autour de cet enfer ?

« Est-ce la contemplation des sinistres croix noires qui, lorsque je me préparais à foncer sur mes adversaires, masqués sous une cagoule, me semblaient orner un vaste corbillard occupé par les bourreaux de l'Inquisition ?

« Est-ce l'atroce vision, maintes fois répétée, de la chute vertigineuse dans l'abîme de l'oiseau ennemi sanglant et vaincu ?

« Est-ce enfin, mon départ pour Friedrichshafen sur un avion surchargé d'essence et d'explosifs, en me demandant si j'allais décoller avant le bout du champ et si un capotage n'allait pas m'expédier en mille morceaux dans l'autre monde ?

« Eh bien ! non. Si ces souvenirs restent plus ou moins fortement gravés dans ma mémoire, il en est un qui, pour être le dernier en date, les a tous dépassés en intensité dramatique. Il se rapporte à une action qui, pour n'avoir pas eu de témoins et s'être passée moralement, n'en a été que plus poignante. Je veux parler de l'heure qui a précédé mon atterrissage en Suisse.

« Comme vous le savez, j'étais allé, le 27 juin 1915, bombarder les hangars à zeppelins de Friedrichshafen. Ma mission accomplie, et tout s'étant bien passé, j'avais joyeusement pris le chemin du retour, lorsque, au bout de quelques instants, je m'aperçus que l'essence n'arrivait plus au réservoir en charge. J'en eus vite découvert la raison : le robinet de la pompe chargée de faire monter l'essence du réservoir à pression à celui en charge était perdu. D'un coup d'œil au niveau, je vis qu'il indiquait 30 litres, et j'avais encore plus de 150 kilomètres à faire pour atteindre nos lignes !

« La consommation étant de 20 litres à l'heure et la vitesse de 100 kilomètres, il m'était donc encore possible d'arriver en terre française. Mais il était écrit que la fatalité serait contre moi jusqu'au bout, car bientôt je pus constater que ma vitesse moyenne avait considérablement baissé. J'étais maintenant vent debout !

« Que faire ?

« Je m'acharnai à suppléer au robinet avec mes doigts ou mon mouchoir. Peine inutile, la pression ne tenait pas.

« Je songeai alors à revenir en ligne droite et à traverser le territoire de Schaffhouse, ce qui me faisait gagner pas mal de kilomètres, mais m'obligeait à violer la neutralité de la Suisse. Pouvais-je, pour sauver ma liberté, risquer de créer des difficultés diplomatiques ? Appartenant à une nation combattant pour l'indépendance des peuples, je ne m'en reconnus pas le droit.

« Il ne me restait plus que deux alternatives : ou voler très haut, pour économiser le combustible, mais en allant moins vite, ou voler bas, afin d'augmenter la vitesse, mais en consommant davantage. Ces principes étant immuables, il fallait choisir.

« Je m'arrêtai à la première solution, faisant des prodiges d'économie, ce qui, malheureusement, influençait en rapport direct ma vitesse horaire.

« J'étais à 3.600 mètres, et complètement gelé ; mais j'avais à penser à bien autre chose ! C'est là que vraiment je connus des minutes d'angoisse ! Je volais au-dessus des nuages ou dedans et, de temps en temps, j'apercevais le Rhin et un coin de terre. Juste assez pour me repérer sur ma carte et compter les kilomètres qui me séparaient encore du nid, en constatant qu'ils devenaient de plus en plus longs à franchir.

« Cependant, j'espérais toujours trouver un courant favorable.

« Hélas ! au fur et à mesure que la distance diminuait, l'essence en faisait autant, malgré tous mes efforts pour l'économiser. Que n'aurais-je pas donné pour arrêter, momentanément, l'écoulement du précieux liquide, écoulement qui ne m'avait jamais paru aussi considérable. Ah ! j'en ai fait des calculs de minutes et de litres, pendant une heure et demie ! Mais le problème restait le même : aller vite, en usant beaucoup, ou consommer peu et aller lentement. Le comble des cercles vicieux !

« Plus que cinq litres !

« J'eus alors la certitude que je n'arriverais pas avant que le réservoir fut à sec. Et j'étais en vue : je voyais l'Alsace, Belfort, la PATRIE !

Jamais la signification sublime de ce mot ne m'apparut avec autant de netteté.

« Allais-je donc être pris, après onze mois de guerre ? Et ceux qui m'attendaient anxieusement là-bas ? Et Pégoud, chargé de venir à ma rencontre ? Scruterait-il le ciel inutilement, espérant toujours me voir déboucher de derrière un nuage? Devrais-je me croiser les bras pendant que mes camarades se battraient encore ? Non ! Non ! Impossible ! Sûrement le salut se présenterait sous une forme quelconque. Le vent allait tourner, l'essence arriver, le niveau n'était pas juste, que sais-je ? Mais il faut que je rentre !

« J'en étais là de mes réflexions lorsque la belle chanson du moteur cessa. Déjà ! Moi qui espérais qu'il allait peut-être continuer à tourner sans essence ! Quelle folie ! Dire que le réservoir à pression contenait encore cinquante litres et impossible de les utiliser ! C'est maintenant la descente, irrémédiablement l'arrêt !

« En face, j'ai la vision des Vosges, de nos tranchées, de nos petites tentes blanches se découpant sur l'herbe verte de notre terrain d'aviation si près, et pourtant si loin... maintenant ! Au-dessous, le Rhin. A droite, l'Allemagne : rien à faire de ce côté. A gauche, la Suisse... Ah ! ma foi, tant pis, je descends à gauche, dans ce pré hospitalier… éloigné des habitations. J'en repartirai lorsque j'aurai transvasé les quelques litres de combustible qui me manquent pour arriver au but que je vois là devant moi, si rapproché, comme le supplice de Tantale. Cinq minutes me suffiront, et c'est bien le diable si les soldats suisses arrivent avant qu'elles se soient écoulées !

« Hélas ! il y a loin de la coupe aux lèvres, ou plutôt de l'atterrissage au départ, et une méchante petite borne cachée dans l'herbe se chargea de me le rappeler en me faisant capoter honteusement, au détriment de mon hélice, qui vola en éclats. Record de la guigne !

« Neuf minutes après, j'étais prisonnier, et c'est là mon souvenir de guerre le plus impressionnant. (1) »

Oui, ce fut le vol le plus impressionnant de la carrière militaire de Gilbert, et l'angoisse qui s'en dégage a fait oublier au vaillant pilote son raid le plus dangereux. C'était au cours d'une chasse. Il avait livré combat à un appareil muni de deux

---

(1) On se souvient qu'après s'être évadé une prem ère fois, Gilbert fut rendu aux autorités suisses, la lettre où il reprenait sa parole ayant subi du retard. Il essayait une autre fois de fuir, mais était reconnu avant d'avoir franchi la frontière. Il était plus heureux en mai 1916 et parvenait enfin à rentrer en France.

mitrailleuses. L'Allemand se défendait avec acharnement et avait l'avantage de posséder des armes
impeccables. Gilbert, au contraire, était victime
d'un enrayage et démontait sa mitrailleuse tranquillement, tandis qu'il continuait à servir de
cible à son adversaire. Les mains déchirées, ensan-
glantées, il essayait de prendre l'offensive d'une
façon réelle, mais n'y pouvait réussir, son arme se
refusant à l'aider. A bout de munitions, l'ennemi
l'abandonnait, et Gilbert regagnait ses lignes. Il
n'était pas un endroit de l'avion qui ne fut atteint.
Plus de trente balles avaient porté, un pneu était
crevé, les disques des roues déchirés, l'hélice fêlée,
un câble de profondeur cisaillé, ne tenant plus que
par trois brins au lieu de quarante-neuf, les ailes
transformées en écumoire, la nacelle traversée :
miraculeusement, le héros de l'air avait échappé
à la mort.

Ce ne fut pas son vol le plus émouvant, pré-
tend-il.

## NAVARRE,
### LE FLÉAU DES BOCHES

Certes, on ne peut tout avoir. Les qualités sont toujours escortées de leurs défauts. Navarre, le héros qui, en deux jours, abattit quatre avions allemands dans nos lignes, peut être considéré comme l'un de nos plus remarquables virtuoses de la chasse. Il est indépendant, frondeur, et se laisse aller à l'inspiration. Avec l'officier, qui comprend son caractère et a confiance en son héroïsme, il fera des merveilles ; on peut avoir pour un homme de sa valeur quelques ménagements ; il collectionne également les récompenses : Légion d'honneur, Médaille militaire et Croix de guerre avant tant de palmes qu'il ne peut les porter toutes. Dame, un pilote qui a descendu plus de trois escadrilles, et accompli trois missions spéciales !...

Au début de la guerre, Navarre avait été versé au centre de Tours, qui, de Saint-Cyr, avait émigré près de cette ville, au moment de la ruée des

Allemands sur Paris. Ce simple soldat était froid et taciturne, maussade et silencieux. Ce petit adolescent au visage volontaire, au nez rappelant un bec d'aigle, ressemblait plutôt à un jockey. Il avait des crises de joie, parfois, — bien rarement. Il rêvait de la guerre, il voulait partir, mais son entraînement, par manque de matériel, était lent. Il montait alors le Maurice-Farman, appareil lourd et peu rapide à cette époque, dont les qualités n'étaient nullement en rapport avec les siennes. Il passait son brevet militaire avec brio et était envoyé à Villacoublay pour se faire attribuer un parasol de chasse. Là, il étonnait tout le monde par son habileté et son style.

Vite il était expédié en escadrille au front, avec le grade de caporal. Le 6 décembre 1914, pour la première fois, il se faisait remarquer en poursuivant un Aviatik qu'il obligeait à fuir et à rentrer précipitamment. C'était un début.

En mars, il rencontre un Albatros, et se place à moins de 30 mètres de lui. L'observateur, qui se trouve pour la première fois dans cette situation, tire, mais manque le but.

Il jurait de se réhabiliter. Deux jours après, le 1er avril, il y parvenait. Le sergent Navarre partait avec lui à 6 h. 25 du matin en croisière.

Vers 8 h. 30, il apercevait un Aviatik au-dessus de Fraisne et s'en approchait à 30 mètres. Après avoir essuyé son feu, l'observateur ripostait par trois balles de carabine qui portaient avec ensemble. L'Allemand était obligé d'atterrir dans nos lignes. Immédiatement, les vainqueurs piquaient vers lui, allaient se poser à ses côtés et arrêtaient les deux passagers blessés. Le radiateur avait été troué, le volant brisé.

Le 13 avril, Navarre abattait son second Boche. Au cours d'une reconnaissance du côté de Verdun, il attaquait un appareil ennemi, qu'il poursuivait jusque dans ses lignes et parvenait à l'expédier au sol. Mais les canons, voulant venger leur camarade, cherchaient à atteindre le Français : l'hélice était ébréchée par une balle, trouée par un éclat d'obus. Malgré ces blessures, Navarre réussissait à rentrer, mais devait atterrir à Sainte-Menehould, avant son port d'atterrissage.

Le 28 avril, nouveau succès. Dans la direction de Saint-Thierry-Brimont, il livre un autre combat. Après quelques balles, l'appareil ennemi dégage une épaisse fumée et pique d'une façon désordonnée.

Sa hauteur lui permet d'aller se poser dans ses lignes. Navarre, son exploit accompli, rentre lorsqu'il aperçoit à terre un Albatros. Il descend et apprend que cet aéroplane vient d'être abattu par le lieutenant de B.... Il saute dans la carlingue, met le moteur en marche et conduit le biplan ennemi par la voie des airs jusqu'au camp, puis revient chercher son Morane-Saulnier.

Au moment de l'attaque d'Arras, on fit appel à plusieurs pilotes de chasse pour renforcer les escadrilles. On choisit des « as », selon l'argot d'aérodrome. Navarre fut envoyé. Là, les missions consistaient seulement à établir des barrages et à empêcher les appareils ennemis de passer. Défense d'évoluer au delà des lignes. Les oiseaux adverses ne tentèrent même pas l'aventure devant ce rideau infranchissable. Après l'offensive, notre héros retourne à son escadrille. Presque aussitôt, il abat son quatrième boche. Selon sa coutume, il va se poser à ses côtés pour capturer l'équipage, car il faut remarquer que Navarre vise surtout les organes essentiels et non les passagers.

Un jour, pendant l'exécution d'un barrage, il est attaqué par un Aviatik. Sa mitrailleuse s'enraye ; tant pis, il s'approche malgré tout, décharge son revolver et parvient à éviter la riposte en plongeant jusqu'à 200 mètres du sol et en se relevant brusquement.

Le 26 octobre, il était souffrant et dormait, étendu sur son lit. On vient, vers 11 heures, lui annoncer qu'un avion ennemi est signalé. Il se précipite dans son monocoque, s'élance à l'assaut des nues. L'adversaire en l'apercevant, rentre précipitamment dans ses lignes, lorsque le Français en voit un second se dirigeant au-dessus de nos tranchées, vers le sud. Il le prend en chasse. Au-dessus de la Marne, l'Allemand, un L. V. G. de chasse, fait volte-face. Pendant que l'observateur ennemi fait manœuvrer la mitrailleuse, le pilote cherche à échapper à la poursuite. Il plonge dans un nuage, mais Navarre met à la descente et retrouve l'avion à la sortie de la nuée. Sous le feu de la mitrailleuse, il fonce à toute vitesse, et, à 50 mètres, commence à tirer. Une bande suffit : le moteur Mercédès reçoit plusieurs balles et s'arrête. Les Allemands se posent près de Jaulgonne, dans la vallée de la Marne, et n'ont pas le temps de détruire leur avion. Ils sont arrêtés ; Navarre vient voir s'ils sont capturés, puis rentre, parle à peine de son succès. Moins d'une heure après sa victoire, il était dans sa chambre, dormant d'un sommeil paisible.

Et nous arrivons aux victoires qui lui valurent le communiqué officiel : le 21 février, appelé pour participer à la bataille de Verdun, il fait piquer brusquement un avion ennemi dans ses lignes. Navarre ne le compte pas celui-là. Trois jours, après, il abattait, sur notre territoire, deux appareils : l'un à Maheulles (aviateurs capturés), l'autre près de Dieu (aviateurs tués). Le 2 mars, dans la région de Douaumont, c'est d'un Albatros qu'il triomphait, blessant les passagers, qui étaient capturés. Le 19 mars, un avion ennemi attaqué par lui tombait dans nos lignes dans la région de Verdun. Quelques jours après, il rencontrait un nouvel appareil ressemblant étonnamment au biplan Nieuport et qui n'était autre qu'un petit Aviatik de chasse, plus rapide que son avion. Le combat s'engageait, mais par suite d'un enrayage de la mitrailleuse, Navarre ne pouvait le prolonger, d'autant plus que son adversaire doté d'une plus grande vitesse agissait à sa guise. La *Para bellum* adverse tirait avec conviction, le Français voulait s'esquiver, mais ne pouvait le faire aisément, son appareil étant terriblement endommagé et un tube de gauchissement étant notamment coupé. Navarre descendit en tenant ce tube : il gauchissait avec le débris qu'il tenait à la main, selon les manœuvres qu'il désirait accomplir, et rentrait normalement au centre.

Il se vengeait rapidement : le 3 avril, il abattait un avion allemand ; le lendemain il en descendait trois. En 18 heures, il avait triomphé de quatre appareils ennemis, simplement ! Dans la soirée du 15 avril, il descendait un nouvel appareil dans la région de Vauquois ; un autre, le 19 mai, près de Chattancourt (équipage prisonnier). Le 17 juin, avec les sous-lieutenants P... et G..., il remportait encore un succès, mais recevait une balle dans le bras droit, avait le sommet du poumon atteint et réussissait cependant à rentrer.

Telles sont les prodigieuses prouesses de ce jeune pilote, révélé par la guerre, comme Guynemer, comme Nungesser, comme tant d'inconnus qui seraient célèbres aujourd'hui, si la censure n'attendait pas leur cinquième pièce pour les livrer à l'admiration publique.

Navarre est un bohème de l'air. C'est l'homme qui n'hésite pas à faire dix ou douze heures de vol dans une journée pour attendre sa proie : il fouille l'atmosphère, et c'est ainsi qu'il parvient à trouver son gibier. D'autres fois, installé à terre, dans sa carlingue, il restera trois heures sans ouvrir la bouche, scrutant l'horizon, « en espérant le Boche».

Le « juteux du 5ᵉ (1) », comme il se surnomme,

---

(1) A la suite de son succès du 2 mars, il a été promu sous-lieutenant.

en souvenir de son régiment, a un frère jumeau qui servait dans le génie. Lorsqu'il était à Brias et qu'il faisait un temps à ne pas mettre un Allemand dehors, Navarre allait lui rendre visite, par la voie aérienne, près de Neuville-Saint-Vaast. Il volait à moins de 25 mètres du sol, rasant les arbres, et les deux frères déjeunaient ensemble. Le sapeur était aussi extraordinaire que l'aviateur et possédait, à ce moment, autant de citations, récompenses de multiples exploits. Lorsqu'il vit cependant que son frère prenait de l'avance sur lui, il demanda à devenir pilote pour le rattraper. Il est au front : au cours d'un combat, il a été atteint de deux balles au bras.

Donnons encore un trait de la vaillance indomptable de Navarre et de sa rare virtuosité : à son port d'attache se trouvait un biplan Caudron pour l'entraînement des observateurs. Il n'avait jamais piloté d'appareil de cette marque. Il demande la permission de l'essayer. Dès qu'il y a pris place, il s'envole, comme un maître, s'en va à 600 mètres au-dessus des tranchées ennemies de la Neuvillette, et, pendant un quart d'heure, effectue une prodigieuse série de loopings et retournements sur l'aile. Les Allemands étaient tellement émerveillés qu'aucun ne songeait à

tirer. C'était un meeting fantastique, un spectacle admirable.

Quand on parle de Navarre à ceux qui l'ont vu
à l'œuvre, on obtient cette réponse qui constitue
certainement le plus bel éloge qu'on puisse faire
d'un pilote :

« Il est aussi fin que Garros. »

## UN HÉROS DE VINGT ANS :
## GUYNEMER

Il était une fois... Malgré soi, on est tenté de commencer par ces mots le récit de la carrière de soldat du jeune Guynemer, l'homme du jour, le pilote de vingt et un ans qui a réussi à abattre maints avions ennemis et porte sur sa poitrine de héros la croix de guerre avec de nombreuses palmes, la médaille militaire et la Légion d'honneur. Ses exploits ne semblent-ils pas guidés par une baguette magique ? Ses prouesses n'appartiennent-elles point au domaine des contes de fées ? ou bien sa naissance, une nuit de Noël, n'est-elle pas pour quelque chose dans ce vol glorieux à l'étoile ?

Dans le passé de cet adolescent, depuis le $1^{er}$ août 1914, tout étonne, tout passionne. Nul n'avait plus de luttes à soutenir, nul n'en triompha avec cette aisance. Les difficultés, il les vainquit comme il fait des aviateurs allemands qui osent se présenter devant lui. Il ne devait pas être soldat, en quelques mois il est devenu officier.

Au moment où les hostilités s'ouvraient, Guynemer, potache studieux, préparait les examens de Polytechnique dans un grand lycée. Il avait dix-neuf ans. La mobilisation l'empêchait de concourir pour entrer à l'Ecole d'où il serait sorti sous-lieutenant. Sans logarithmes, sans algèbre, le précieux galon d'or, gagné avec de l'audace, avec du courage, brille sur la manche de l'élève d'hier.

Celui-ci, dès qu'il vit les autres partir pour défendre notre sol, pour rejeter l'envahisseur, n'eut qu'un désir : s'engager. Il endormit les scrupules de sa famille qui le trouvait chétif et délicat. Il fit tant et si bien, montra une telle fermeté, son enthousiasme lui donna une telle éloquence qu'il obtint l'autorisation désirée. Elle ne suffisait pas. Il fallait être agréé par l'autorité militaire. Et là c'était plus difficile. Très grand et très maigre, ne pesant pas le poids que sa taille imposait, il fut impitoyablement refusé. A ce moment, il voulait entrer dans l'infanterie. Il n'est pas homme à se laisser démonter par un échec. Il recommença, passa quatre conseils de revision. Aucun ne voulut de lui. Tous le repoussèrent sans hésitation.

La mort dans l'âme, Guynemer entendait résonner dans son esprit les coups de canons ; il se figurait dans ses rêves prendre part à des batailles, s'élançait à l'assaut à la baïonnette, sautant de la tranchée sous un feu infernal. Le seul résultat de ses luttes homériques, mentales uniquement, était de le faire se réveiller au bas de son lit. Et toute la journée il réfléchissait, cherchant le moyen de réaliser ses plus chères espérances. Il se rendait bien compte de la difficulté, et il souffrait... Il ne pouvait pas maigrir davantage, mais il s'étiolait.

En se creusant la cervelle, il finit par se souvenir que sa famille connaissait un capitaine qui dirigeait une école d'aviation. Peut-être par lui pourrait-il mettre le comble à ses vœux ? Peut-être serait-il plus heureux ? Il tenta. *Audaces fortuna juvat.* Il réussit.

Par protection il put entrer dans l'armée. N'avais-je pas raison de dire que tout tient du prodige dans sa vie : il est parvenu à réhabiliter la recommandation !

L'officier consent à le prendre comme élève mécanicien, et lui évite un nouveau conseil de revision. Certes, la situation n'est pas très reluisante, ni passionnante. Elève mécanicien dans une école, ce n'est pas ce qu'on peut appeler un poste de combat. C'est, au contraire, un métier de manœuvre et de portefaix, sans attrait ni avenir. Mais peu importait, Guynemer avait son plan, il ne demandait qu'à prendre pied dans l'armée. Une fois vêtu d'un uniforme, il se chargerait d'aider la chance.

Ah ! cet uniforme rêvé, il l'avait le jour de son arrivée à Pau. Il était magnifique, élégant, rutilant. Le surlendemain, ceux qui l'avaient admiré auraient eu peine à reconnaître son propriétaire en la personne de cet aide-mécanicien misérable, sale et empestant l'huile de ricin, qui trimballait sur le champ des caisses et des bidons d'essence et d'huile, avec les mains fines devenues noires et peu avenantes, la figure couverte de traînées de graisse consistante. Combien y sont passés dont ce régime a eu raison de l'enthousiasme ! Guynemer, au contraire, semblait heureux au possible. Il n'y avait pas de besogne pénible et désagréable pour lui. Jamais apprenti ne montra plus de zèle et n'attira mieux sur lui, malgré ses minuscules fonctions, la bienveillance des chefs. Même ses camarades de travail mettaient une certaine amitié dans le sobriquet de « Fil de fer » qu'ils lui avaient décerné pour manifester l'antinomie qui existait entre sa taille de $1^m75$ et ses 50 kilos.

Bientôt il monta en grade. Le débardeur avait vécu ! Il fut admis à travailler à l'atelier : là, il démontait et remontait des Gnôme, s'occupait du réglage des Blériot de l'école.

Ainsi se passèrent les premiers mois de sa vie militaire.

Le futur héros savait bien ce qu'il faisait en véhiculant des bidons avec art, en se salissant les mains avec conviction, en s'initiant aux secrets du moteur. Il était devenu le « gosse » choyé par chacun. Ce grand garçon bien élevé, modeste, calme, toujours satisfait, aux yeux décidés, au visage énergique, gagnait à lui la sympathie générale. Aussi le jour où, prenant son courage à deux mains, deux mains devenues calleuses et boursouflées, il se permit d'aller implorer de son chef l'autorisation de devenir aviateur, il ne fut pas renvoyé comme un mauvais plaisant. Sa prière fut écoutée favorablement et bientôt exaucée. Par une nouvelle entorse au règlement, qu'on ne peut guère reprocher maintenant à celui qui la commit, il devint élève-pilote sans avoir eu encore à passer sous les fourches caudines des médecins.

Seules les victimes allemandes de Guynemer pourraient faire un grief à l'officier fautif.

Il peut sembler que j'aie pris le parti de tout admirer dans les actes du vaillant Français. N'en croyez rien et, si je dis qu'il fit un apprentissage remarquable, c'est que je tiens à rendre avant tout hommage à la vérité. Cette opinion est celle de tous ses camarades et chefs pilotes. Au bout de vingt et un jours, il était devenu un maître sur le Blériot d'entraînement et prêt à partir pour le camp d'Avord où il apprit à monter sur le parasol Morane-Saulnier. Devenir pilote de chasse en trois semaines est un exploit qui reste légendaire à l'école de Pau. C'était le premier de la carrière aérienne du jeune homme qui venait d'atteindre sa vingtième année.

La sympathie paloise ne monta point à Avord. Là Guynemer fut l'objet de maintes réprimandes et menaces. N'alla-t-on point jusqu'à le menacer de le rayer du personnel navigant ? Aussi pouvait-on avoir idée d'un apprenti qui faisait le looping comme un artiste, réussissait les virtuosités des plus grands champions, s'amusait à monter à 3.000 mètres au lieu de voler à plat et de raser les mottes ? Quel était cet imprudent qui détruisait tout l'édifice des idées préconçues sur les notions de l'entraînement ? Quel était cet inconscient qui, les jours de mauvais temps, lorsque tous les hangars restaient hermétiquement fermés, que le bridge et le poker faisaient rage dans les baraquements, osait sortir et évoluer ? Et cependant, peu à peu cette valeur était appréciée, chacun admirait et enviait secrètement cet oiseau fait homme, tous pensaient qu'il ferait des merveilles. Pour ne pas faire de peine à ceux qui le sermonnèrent, Guynemer a tenu ce qu'il promettait. A ceux qui lui reprochaient de faire de la hauteur, il a répondu en livrant tous ses combats, en remportant toutes ses victoires, aux plus hautes altitudes.

A ceux qui le menaçaient parce que les intempéries ne lui faisaient pas peur, il a répliqué, au front, en conquérant la réputation de celui qu'aucun élément ne saurait arrêter, s'il y a « du Boche dans l'air ».

Vite, on envoya le nouveau breveté à la Réserve Générale d'où il fut bientôt expédié vers une escadrille fameuse. Elle était commandée par un capitaine qui avait abattu deux avions allemands se dirigeant sur Paris. Les pilotes, dont V..., étaient tous de vieux champions, aguerris, pleins d'expérience, de vrais « loups d'air ». Qu'allait faire dans cette galère ce gosse imberbe échappé des bancs du lycée ? Etait-ce une plaisanterie qu'on voulait lui faire ou une preuve de confiance admirative qu'on lui décernait ?

Guynemer avait foi en son étoile. Il arriva timide mais ferme, respectueux mais sûr de soi. Les uns et les autres ne le regardaient pas, à vrai dire, avec une grande sympathie. On avait bien déclaré qu'il était un pilote remarquable, mais que pouvait-on attendre d'un aviateur de moins de deux mois et même pas majeur ? Non, c'était bouffon. Et les innocentes moqueries ne manquaient pas, gentilles certes, mais cependant cinglantes. Cette sorte de dérision n'avait pas échappé à l'œil perçant de la victime, qui intérieurement était très vexée et ne dérageait pas. Le novice attendait impatiemment l'occasion de montrer ce qu'il valait. Il tenait à s'imposer dès sa première sortie. Comment ? Il l'ignorait, mais pensait bien que les circonstances, une fois de plus, viendraient à son aide et lui permettraient d'atténuer dans la mesure du possible le grand grief qu'on lui adressait et qui perdait de sa force chaque jour avec une régularité mathématique : la jeunesse.

Cette occasion se présenta rapidement.

Il avait jusque-là caché ses sentiments à ceux qui le traitaient avec désinvolture. Lorsqu'il reçut la mission qu'il avait à accomplir, malgré lui, une lueur de défi brilla dans son regard, et ce n'est pas sans une certaine ironie qu'il regarda son lieutenant-observateur en montant dans l'appareil.

« Je vais vous montrer ce que je sais faire, moi le môme ! » semblait-il dire.

Il part, prend de la hauteur, franchit les lignes, fait sa reconnaissance et se prépare à rentrer. Mais auparavant, il tient à faire ses preuves. Un emplacement où se trouve une batterie spéciale lui a été signalé, il s'y dirige. Et, juste au-dessus, de 2.000 mètres le voilà qui descend en spirales sous un feu intense. Il passe à travers les flocons de fumée des obus avec une aisance et une maîtrise prodigieuses. Il évolue avec une légèreté, une virtuosité qui semblent faire croire qu'il fait une exhibition dans un meeting. Et plus les canons tirent, plus il resserre ses spirales. Son passager est profondément inquiet : « On ne m'avait pas dit qu'il était fou », pense-t-il.

Il ne peut supposer que l'expression « baptême du feu » a été aussi fidèlement prise au pied de la lettre. Arrivé à 800 mètres Guynemer, le dos endolori par les coups que son compagnon lui donne pour le rappeler à la raison, cabre enfin et reprend de l'altitude. Il regagne son centre et, après l'at-

6.

terrissage, on constate que son parasol rapporte 17 éclats d'obus. A dater de ce jour, l'adolescent fut traité comme un homme et fut pris au sérieux.

. . . . . . . . . . . . . . . .

Les Allemands font grand cas de leurs deux héros, le capitaine Bœlke (1) et le lieutenant Immelmann, la victime du sous-lieutenant anglais Mac Cubbin et du mitrailleur Waller ! Si nous employions leur tactique, Guynemer aurait triplé ou quadruplé le nombre de ses victimes. Pourquoi, demanderez-vous, n'agissons-nous pas de la même manière ? Je serais bien embarrassé de répondre à cette question. Tout ce que je puis faire, c'est de reproduire deux passages d'articles publiés par moi dans un quotidien. Le 19 juillet 1915, j'écrivais : « Le toréador de l'air ne doit jamais dépasser les lignes. Il doit attendre l'adversaire et l'abattre au-dessus de notre territoire », et le 26 juillet : « Les sentinelles aériennes doivent se partager le ciel en secteurs, évoluer à diverses altitudes pour former en quelque sorte les mailles d'un filet à travers lesquelles il sera impossible de passer. L'imprudent qui forcera la consigne sera assailli aussitôt et payera de sa vie son au-

---

(1) Tué dans un combat aérien le 28 Octobre 1916.

dace. » Deux mois après, simple hasard sans doute, les Allemands adoptaient cette méthode qui leur a permis de remporter de sérieux succès. Tandis que nous continuons à considérer le duel aérien comme une lutte sportive, nos adversaires le traitent comme un véritable combat. Leur procédé est simple : deux ou trois avions, des L. V. G. le plus souvent, viennent à la rencontre de l'appareil français de reconnaissance ou de réglage. Ils l'encerclent. Tandis que notre représentant ouvre le feu contre l'un d'eux, les autres font le guet, puis soudain arrive par derrière un Fokker qui manœuvre sa mitrailleuse et n'a guère de mérite à triompher — quand il le peut — d'un antagoniste dont l'attention est occupée ailleurs. Ce système répugne un peu à notre loyauté. C'est un guet-apens, mais qui permet d'obtenir le résultat désiré. Grâce à ce procédé, les Allemands passent pour avoir deux virtuoses — ceux-ci sont certainement très remarquables, mais nullement supérieurs à nos héros, — et un appareil extraordinaire ; — or, le Fokker est inférieur à notre biplan de chasse monoplace. Ces constatations montrent les avantages d'une tactique logique. Guynemer, lui, a abattu ses Boches en se présentant seul et face à eux. Il n'en a que plus de mérite, et ce préambule était destiné à prouver sa valeur.

Il y avait à peine quinze jours qu'il était arrivé au front lorsqu'il réussit son premier exploit. Il montait alors un parasol-biplace, et avait comme mitrailleur son mécanicien G....

C'était le 19 juillet 1915. Un avion allemand ayant été signalé, vite le jeune pilote prenait son vol et tentait d'aller l'empêcher de survoler nos lignes. Mais, lorsqu'il atteignait l'altitude voulue, il s'apercevait que l'ennemi était vraiment loin et hors de sa portée. Il tirait cependant sur lui jusqu'à l'aérodrome de Coucy, où il le voyait descendre. Il se préparait à rentrer, navré de l'insuccès alors qu'il se voyait déjà glorieux, quand, au loin, un petit point noir semblait percer la brume et arriver vers lui. Vite, il reprenait sa garde et montait en attendant l'arrivée de l'adversaire. Celui-ci approche. A 3.200 mètres, Guynemer pique vers lui, le poursuit, le rejoint à Soissons. C'est au-dessus de la ville exactement que le duel s'engage sous les regards angoissés des habitants. Pendant dix minutes c'est le bruit incessant et les nuages de fumée des mitrailleuses cherchant leur proie. Les deux avions tournent l'un autour de l'autre. Ils vont, viennent, virent, piquent, cabrent. Le canon de l'arme de G... est faussé, ce qui nuit à la précision de l'attaque. Peu importe, les deux appareils sont à peine séparés de 15 mètres : du côté français 115 coups ont déjà été tirés. L'Allemand n'est pas plus économe et semble adroit : G... reçoit une balle dans la main, une autre lui frôle les cheveux et coupe son passe-montagne. La lutte se poursuit.

Tout à coup, Guynemer voit le pilote ennemi s'effondrer dans le fuselage de son appareil : il a été tué. L'observateur se rend compte de sa fin prochaine, lève les bras au ciel dans un geste de désespoir, et l'avion tombe à pic, prend feu, va s'abîmer dans ses lignes, ensevelissant les deux passagers.

La médaille militaire était la juste récompense accordée aux deux jeunes gens pour leur grand succès.

On ne peut, hélas! être aussi heureux à chaque essai, mais parfois les incidents viennent rendre la besogne du chasseur particulièrement pénible et dangereuse. C'est ainsi que, le 30 septembre. Guynemer sur monoplace, ayant été pris en chasse par un Fokker, ne put riposter par suite de l'enrayage de sa mitrailleuse. L'Allemand, à moins de 50 mètres, tira plus de 200 balles, ne causant comme seul et unique dommage que la crevaison d'un pneumatique du train d'atterrissage. Il aurait pu rectifier son tir et devenir plus adroit. Jugeant la difficulté de la situation, le Français avisa une mer de nuages et aussitôt piqua à plein moteur pour aller s'y dissimuler. Elle était à 500 mètres au-dessous de lui. Le Fokker ne put descendre aussi vite ; quand il arriva devant l'étendue cotonneuse, il se mit à évoluer autour, attendant sa proie. Guynemer resta caché pendant plus de dix minutes, lassant la patience de son rival : il reparut enfin en cabrant, sortit sur une aile, mais parvint à se rétablir et à rentrer sans être autrement inquiété.

Une autre fois, notre héros eut des démêlés avec sa mitrailleuse. C'était en novembre, au-dessus de Rozières-en-Santerre. Un L. V. G. de 150 chevaux à tourelle, armé d'une redoutable *Para Bellum*, se préparait à venir opérer sur notre territoire. Le Français l'atteint, le dépasse, vire sur une aile au-dessous et se place de face. Il cale sa direction entre ses jambes et appuie sur la gachette. Rien ne répond. Aucune balle ne part. Enrayage ? Non, l'arme est gelée. Malheureusement ce n'est qu'après que le pilote se rendit compte de la cause de la panne, sans quoi, en appuyant sur le percuteur, l'huile gelée aurait cessé de faire résistance. Dans l'ignorance du remède, Guynemer est obligé de décliner la lutte et de chercher avant tout à se mettre en dehors de la zone dangereuse. Il refait un virage et glisse sous l'ennemi, exactement comme un tiroir dans ses rainures. Il se place à deux mètres seulement au-dessous de la nacelle de son adversaire, ainsi désarmé, et s'attendant sans cesse à recevoir un projectile qui l'enverra s'écraser sur le sol qu'il survole à 3.200 mètres. Il est, en effet, à remarquer que presque tous les combats livrés par Guynemer se sont déroulés à cette hauteur.

L'avion français est un peu plus rapide que le L. V. G. Il faut donc régler les gaz pour ne pas dépasser celui-ci et se mettre dans son champ de tir. Guynemer cherche à réparer sa mitrailleuse ; il ne peut y parvenir. Il ne cesse de dérager : il a l'ennemi à sa merci et ne possède même pas un revolver pour l'abattre. Le Boche, qui au moment du dernier virage l'avait mis en joue sans avoir le temps de tirer, n'ose pas faire la moindre manœuvre pour tourner ou piquer dans la crainte d'accrocher le petit biplan. A un moment, ayant lâché ses commandes pour travailler à son arme, le Français en levant les yeux s'aperçoit juste à temps qu'il va heurter l'Allemand. Vite un grand coup de palonnier à droite pour éviter le télesco-page et, dans le virage qui s'ensuit, l'aile gauche de l'avion de Guynemer accroche l'aile droite de l'adversaire. Par miracle, un simple morceau de toile est arraché à chaque avion. Les deux appareils glissent sur l'aile, semblent sur le point de tomber à pic, mais se rétablissent à temps. L'ennemi, heureux de s'en tirer à si bon compte, n'insiste pas et s'enfuit pour aller chez lui se remettre de son émotion.

Nous arrivons alors à la période la plus glorieuse de la carrière de Guynemer, l'une des plus fantastiques de l'aviation de combat : le jeune virtuose de vingt ans réussit à abattre chaque fois un avion ennemi les 5, 8 et 14 décembre 1915.

Depuis une heure et demie, le 5, Guynemer était en sentinelle aérienne au-dessus de la forêt d'Ourscamp et suivait attentivement les ruses qu'employait un Aviatik pour passer et venir sur notre territoire en trompant la surveillance de notre héros. L'Allemand faisait des tentatives continuelles, mais dès que le petit biplan avait l'air de se diriger vers lui, il rebroussait chemin en hâte. Guynemer, désirant jouer au plus fin, feignait à un moment de ne plus s'occuper de lui. L'Aviatik en profitait pour s'élancer ; aussitôt le Français volait dans son sillage, et au bout de quelques minutes était auprès de lui. Le duel commençait : l'Allemand tirait deux balles seulement et Guynemer ripostait par un rouleau de 47 cartouches. Il n'en fallait pas plus : l'Aviatik se mettait aussitôt en vrille, et tombait à pic sur un petit bois, où il allait s'écraser. Au cours de la chute, à 200 mètres à peine au-dessous du vainqueur de l'appareil, livré à lui-même, l'un des passagers était projeté en dehors pendant un rétablissement brusque,et notre représentant assistait, profondément ému, à cette fin tragique.

Le 8, Guynemer se préparait à rentrer après une ronde et amorçait déjà sa descente en spirale, lorsque dans le lointain apparaissait un avion se dirigeant sur nos lignes. Vite, malgré le peu d'essence qui restait dans son réservoir, le Français cabrait et reprenait de la hauteur. Il attendait l'ennemi en se dissimulant à travers les nuages ; il assistait aux manœuvres de celui-ci qui volait en zigzags,afin de voir s'il n'avait rien à redouter. Trente minutes après, l'Allemand passait : Guynemer piquait, s'approchait par derrière à moins de 20 mètres, envoyait une salve de 47 coups, et jugeait au même instant de l'effet de son tir. Le Boche se retournait immédiatement dans une boucle affreuse et son appareil prenait feu. Le mouvement était si soudain que le Français avait à peine le temps d'en suivre les diverses phases. Dans ce retournement, l'observateur était jeté dans le vide d'une hauteur de 3.200 mètres, et allait s'écraser dans un bois à Brus. A 1.500 mètres d'altitude, c'était le tour du pilote dont la ceinture consumée par les flammes ne retenait plus le corps. Il tombait à 3 kilomètres de son camarade. Et l'aéroplane planait encore quelques instants pour aller finalement s'effondrer à 100 mètres de l'autre côté des lignes. Les soldats allemands sortaient de leurs tranchées pour aller auprès de l'avion qui avait explosé avec ses bombes en touchant le sol. Notre artillerie les prenait sous son feu et détruisait une maison où ils allaient se réfugier. Tous étaient enfouis sous les décombres.

Guynemer, ce jour-là, avait remporté un beau succès, et en avait provoqué un autre non moins important.

Le 14 décembre, notre héros escortait une escadrille qui était allée bombarder le terrain d'aviation d'Hervilley. Au retour, un Fokker qui avait eu l'audace d'attaquer un Voisin avait commencé par essuyer le feu de la mitrailleuse de celui-ci : l'un des passagers atteint s'était renversé en arrière et effondré dans la nacelle. Au même instant, un adjudant pilotant un biplan de chasse approchait, tirait à son tour et coupait la retraite de l'Allemand. Enfin, Guynemer vint : il trouve le Boche cerné, désemparé, affolé. Il lui donne le coup de grâce, le mitraillant à bout portant au moment où il passe sous lui. Il le voit tomber en vrille, touché â mort.

Aussitôt après, il avise un autre Fokker, semblable au type 14 mètres Morane-Saulnier, avec tir dans l'hélice et muni d'un 100 chevaux rotatif mono-soupape. Les deux avions, séparés de moins de dix mètres, tournent l'un autour de l'autre en dépassant la verticale et tirant sans répit. Une collision fatale est sur le point de se produire. Pour l'éviter, Guynemer saute littéralement par-dessus son adversaire, lui effleurant presque la tête avec ses roues. Le Boche n'insiste pas, et s'enfuit aussitôt, heureux d'échapper ! Le Français avait son appareil atteint en maints endroits et rentrait avec des balles dans la plupart des organes : un culbuteur de soupape enlevé, une pipe d'admission crevée, le capot traversé, l'hélice avec une balle et des encoches énormes, un câble de profondeur à moitié coupé, le gouvernail, le fuselage transformés en écumoire.

A la suite de ces exploits, Guynemer recevait

la Légion d'honneur. Mais il n'avait pas terminé la série triomphale.

Le 5 février 1916, devant Frise, notre grand pilote avait attaqué un L. V. G. A 15 mètres de lui, il s'était contenté, selon son habitude, de tirer une bande de 47 cartouches. Aussitôt l'Allemand avait piqué verticalement, tournoyé, pris feu, et s'était écrasé entre Assevillers et Herbécourt.

Ce qui rendait cet exploit encore plus piquant, c'est que le héros avait depuis la veille dans sa poche un titre de permission. Ayant retardé son départ de vingt-quatre heures, il avait tenu à aller faire une croisière en attendant l'heure du train, et c'est au cours de ce vol que l'ennemi avait été descendu. Il faut avouer que celui-ci n'avait pas eu de chance de rencontrer sur son chemin un pilote si peu pressé de partir en congé !

Mais ce que le communiqué officiel a omis de dire, c'est que le 3 février, Guynemer remporta deux autres succès au cours d'un vol, où il livra trois combats. Un L. V. G. était obligé d'atterrir précipitamment ; le second tombait en vrille et s'effondrait à 1.500 mètres des tranchées ; le troisième enfin allait s'abattre en feu à 10 kilomètres des lignes. Cessant de riposter, celui-ci avait pris la verticale en crachant une gerbe d'étincelles significative. Le 6 mars, sur biplace, Guynemer livrait un duel à un appareil ennemi : l'observateur et lui rentraient avec leurs vêtements et l'avion criblés de balles. Le 12 mars, devenu sous-lieutenant, il attaquait un L. V. G. qui tombait en flammes au sud de Ribécourt. C'était son huitième succès officiel.

Ce vol se terminait mal : ayant aperçu deux avions allemands, Guynemer en rejoignait un, se plaçait au-dessous de lui, en arrière, et le criblait de mitraille. L'appareil tourbillonnait et allait s'abîmer sur le sol en feu. Puis le pilote fonçait sur le second, mais appréciant mal sa vitesse, le dépassait alors qu'il n'avait encore tiré que quelques balles. Le Boche profitait de l'erreur et déroulait immédiatement une bande de mitrailleuse. Le capot de l'appareil français, criblé, volait en éclats. Un ricochet frappait le pilote au visage, lui entaillant la joue et le nez, tandis que deux projectiles traversaient son bras gauche. Notre héros simulait la chute et se laissait tomber de 300 mètres. L'ennemi, se croyant vainqueur, abandonnait son adversaire qui, se dirigeant d'une main, rentrait sans encombre à son port d'atterrissage.

A peine remis, en guise de convalescence, le

jeune héros reprenait sa place de combat avec la même vaillance, la même habileté. Le 22 juin, au cours d'un vol de protection de reconnaissance photographique, il attaquait deux L. V. G. avec le sergent C..., et en abattait un en flammes dans nos lignes près de Rozières-en-Santerre. Le lendemain, il rentrait d'une croisière avec deux balles dans son appareil et deux longerons d'aile brisés. Ce sont les hasards de la guerre. Guynemer prenait sa revanche peu après, et faisait écraser sur le sol près de Barleux, sa dixième victime officielle.

Les Garros, les Gilbert, les Pégoud ont en Guynemer mieux qu'un émule. L'adolescent de vingt et un ans est leur égal.

Telle est l'histoire véridique et merveilleuse de cet aviateur auquel sept mois ont suffi pour voir fleurir sur sa poitrine de sous-lieutenant ce bouquet glorieux entre tous et si rare : la Légion d'honneur, la médaille militaire, la croix de guerre avec plus de palmes que le ruban n'en peut porter.

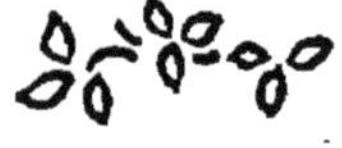

UN HÉROS
FLEGMATIQUE : LE B...

L'aviation a fait une perte cruelle : Le B... est mort des suites d'un combat aérien livré le 14 mars 1916, près de Verdun. Atteint d'une balle au bassin, il avait eu l'énergie de regagner son port d'atterrissage. Transporté à l'hôpital, il y est mort au bout de quelques jours, alors qu'on espérait le sauver.

Le B... était célèbre avant la guerre. C'est lui qui se lançait du haut d'un avion en parachute. Un jour, en Autriche, il fut victime d'un grave accident. Dès qu'il fut rétabli, il lâcha le métier de parachutiste pour celui de pilote et devint vite l'un de nos plus remarquables virtuoses. Les spectateurs de la fête aérienne de Longchamp se souviennent de ses loopings et de ses descentes la tête en bas. A la mobilisation, il partit comme simple soldat. Il est mort sous-lieutenant et chevalier de la Légion d'honneur.

Pour donner une idée fidèle du caractère de ce

héros modeste et de ce fin humoriste, je citerai quelques passages de ses lettres :

« Je suis rentré à ce vieux Toul avec des forces nouvelles, écrivait-il, mais que les jours de permission sont courts ! Ils sont certainement courts puisqu'après dix jours d'absence, j'ai retrouvé tout et tous exactement dans le même état qu'au départ ou à peu près : P..., (1) avait une pipe neuve, mais il ne faut pas dix jours pour acheter une pipe, donc je n'ai pas été absent dix jours. Il est vrai que je suis peut-être victime de mes sens abusés. Et comme j'ai commencé à divaguer, je continue par une histoire dont vous avez peut-être déjà entendu parler vaguement :

« Il y avait une fois, un pilote du nom de B... qui, le 10 octobre de l'an de grâce 1915, abattit un sombre boche (L. V. G.-B. II 1044,) près de Pont-à-Mousson. Ce boche tomba même en petits morceaux en la forêt de Puvenelle ( territoire français occupé par des Français), où lesdits morceaux, — composés d'un pilote (sergent), d'un observateur (capitaine), d'un moteur, deux magnétos, appareil photographique, bouts de toile, de bois et autres objets bizarres tels que fusil-

---

(1) Tué dans un combat aérien le 28 avril 1916.

mitrailleur, cartouches, etc., — furent réunis et ramenés dans un vague parc.

« Ledit B... avait été à sa descente d'appareil (le combat ayant été suivi du centre par coups de téléphone) l'objet d'une assez chaleureuse ovation : épaules, cris, serrements de phalanges et même... boisson. Tout y était !

« Puis un jour, un de ses camarades de promotion de sous-lieutenant qui avait livré de beaux combats dans quelque Bochie reçut le ruban rouge en pompe.

« Le B... à nouveau eut peut-être encore un petit serrement.

« Puis il attend... il attend même avec une certaine rancœur, car depuis de longs jours déjà (depuis le 10 octobre), il a annoncé à ses vieux Bretons de père et mère qui habitent, je crois, quelque coin sauvage de la Mohicanie (qui est la Bretagne), et son combat heureux et le choix de la récompense. Et les vieux l'attendent. Ils voient probablement sur sa poitrine du rouge, car c'est l'époque des permissions. Et Le B... attendait son tour. Ce tour arrive, mais comme le ruban tant promis n'arrive pas, il cède sa place à un camarade.

« Le camarade revient, et Le B..., un peu las d'attendre, s'en va non pas vers la Bretagne, mais

7.

vers Paris où il pourra goûter un peu de repos moral sans avoir... et puis zut ! ça mène au cafard cette phrase...

« Revenons à Toul, car j'y reviens, j'y suis même revenu depuis le 3 décembre. Et hier, 4 décembre, j'ai appris officiellement (je crois que c'est moi qui l'ai appris, car Le B... ce doit être moi, à moins que...) qu'en récompense de l'action du 10 octobre, j'avais une citation à l'ordre de l'armée.... »

La Légion d'honneur, quoique longuement attendue, venait enfin récompenser le valeureux pilote, qui devait avoir sa place dans la série des « vols émouvants de la guerre ». Combien de fois lui ai-je écrit pour obtenir de lui quelques anecdotes ! Toujours il trouvait une excuse, un prétexte pour ne pas répondre à mes questions. Enfin, un jour, il me donna sa parole d'honneur qu'avant une semaine, je serais satisfait. Et, le 17 février 1916, il m'adressait une lettre où il me rappelait certaines impressions :

« Ainsi que je vous l'ai promis, je vais vous parler de mes vols de guerre. Un peu embarrassé dans mes souvenirs sans grand relief, j'ai interviewé mon ami J... pour avoir un point de départ et de comparaison, ici-bas toute impression étant, je crois, une question de relativité.

« J... a conservé un souvenir particulièrement vif d'un vol au cours duquel il faillit perdre son passager à quelque 3.000 mètres de hauteur. Ce passager s'était penché d'une façon exagérée en dehors du fuselage ; un mouvement un peu brusque lui fit perdre l'équilibre : il resta suspendu à l'appareil par son pied engagé sous le siège ! Par de savantes manœuvres il put se rétablir.

« J... me conta cela avec un certain humour... Nous avons même ri des contorsions du passager cherchant à regagner la position assise, plus confortable.

« L'impression tragique ne reste pas ; à une certaine distance cela paraît simplement « drôle. »

« C'est une impression à peu près analogue que je conserve d'un vol exécuté sur appareil Bl. en janvier 1915. J'avais comme passager le lieutenant S.... Au retour d'une reconnaissance à 2.000 mètres, je sens une forte odeur de brûlé. Inquiet, je cherche le foyer d'incendie possible. Cela dure quelques minutes, puis mon observateur me criant : « Ça brûle !... ça brûle !... » je coupe, je pique...

« Mais le lieutenant S... sentait la chaleur : la

doublure de sa veste de cuir brûlait. Ses cuir et cache-nez enlevés, la petite chaufferette de poche, cause du mal, lancée par-dessus bord, nous regagnâmes sans hâte le port... sans hâte quant à moi, car S..., démuni de ses effets chauds, grelottait.

« Et j'étais joyeux !

« Je le fus moins le jour où mon moteur me plaquant en Bochie (au delà de Lens) je dus m'entraîner au vol plané le plus long et user de douceur avec mon appareil pour l'amener sans accrocs au delà des lignes boches. Jamais je n'ai tant regretté le ronflement du moteur qu'on trouve parfois assommant, mais qui couvre si bien le sifflement des balles et rend plus sourd l'éclatement des obus.

« C'est un souvenir désagréable, aussi je ne m'y arrêterai pas. Cela se passait fin mai ou début juin 1915. De la même époque, dans la même région j'ai aussi le souvenir d'un vol où, par suite d'un pointage heureux, mon matelot canonnier J... (je pilotais un Voisin-canon) fit piquer un peu fort un Albatros dégoûté du procédé. Je vous conterai quelque jour ce combat, qui fut joyeux par l'entrain de mon matelot. »

Telle est sa façon de raconter un de ses plus grands succès. Puis, le voici passant à son second boche :

« Le 10 octobre, j'eus la satisfaction de descendre un boche et, cette fois, en territoire français. Je ne vous parlerai pas beaucoup du combat, qui ne fut guère émotionnant. Je tirai, dans de bonnes conditions et dans un temps très court, une quarantaine de cartouches, et ce fut fini : mon adversaire descendit à pic de trois mille mètres. Mais la partie émotionnante fut mon atterrissage : j'ai atterri par bonds successifs, m'ont dit les camarades, et, aussitôt hissé sur des épaules robustes, j'ai fait dans cette position un certain parcours qui m'a permis de me rendre compte de ce que peut être un voyage à dos, c'est-à-dire à bord du vaisseau du désert. Comme il y avait beaucoup de monde, je me suis bien tenu. Mais cela confirme que « les plus fortes émotions du vol se produisent après le vol. »

Et il terminait ainsi :

« J'ai conservé pour la fin mon plus beau vol, le seul vol émouvant, angoissant même. C'était au mois d'août 1915, en plein midi, après déjeuner. La chaleur était lourde. Je volais depuis de longues heures déjà, traînant à la suite de mon appareil de chasse un grappin. Rien à l'horizon ; c'est le calme parfait. Je m'ennuie et la chaleur m'accable. Mon altimètre marque pourtant 5.600

mètres. Le ciel devient violet. Tout à coup, un point noir paraît à l'horizon. Il grandit rapidement et se dirige sur moi. C'est un énorme avion noir barré de croix blanches ; un boche. Attention, nous allons nous rencontrer !

« D'un effort violent, je lance mon appareil dans un bond vertigineux au-dessus de la sombre machine. Un choc : le grappin l'accroche. Je tire le câble : il tient. Je respire enfin, mais je suis brisé par l'effort. Au bout du câble, accroché solidement au grappin, l'avion boche, vaincu, se balance tel un jouet.

« Je suis joyeux, et je ris… je ris… Pendant quelques minutes tout va bien. Puis le moteur faiblit, le vol devient pénible. L'appareil très mou roule d'une aile sur l'autre. Il devient lourd et, pour le maintenir, je fais de gros efforts. Je ne suis plus qu'à 4.350 mètres et, brusquement, mon moteur s'arrête : c'est la descente folle, vertigineuse. La sueur à grosses gouttes coule de mon menton. Je lutte, car il faut tenir. Dessous, j'aperçois des tranchées profondes, au milieu un fleuve large, sombre, dur comme un miroir.

« L'oiseau boche se balance au bout du grappin. J'étouffe, mais il faut tenir… tenir… tenir… La chute s'accentue, une aile casse, tout est noir,

Je tombe comme une pierre. C'est long... ah ! Un choc brusque ! J'ouvre les yeux... D'un côté, mon képi et ma pipe, de l'autre une chaise longue renversée. Debout, devant moi, J..., me regarde d'un air narquois. »

Et pour s'excuser de ce récit que n'aurait pas désavoué Mark Twain, Le B... ajoutait :

«... Je crains que vous n'attendiez autre chose, il est tellement difficile de parler de soi, et il y a si peu de faits intéressants qu'on ne peut les narrer qu'en ayant recours à l'imagination — pour les poétiser un peu — aussi vous me pardonnerez si je vous ai un peu déçu. »

Tel était le héros flegmatique et spirituel, courageux et énergique que pleurent aujourd'hui tous ceux qui le connaissaient et, partant, l'admiraient.

## LE HUSSARD DE LA « MORS NUNGESSER »

Sur sa poitrine brillent la Croix de guerre avec dix palmes et deux étoiles, la médaille militaire, la Légion d'honneur. Nungesser, qui aurait pu se dispenser de servir, habitant l'Amérique depuis sa plus tendre enfance, vint au moment de la mobilisation. Il a vingt-trois ans et porte le galon de sous-lieutenant.

Il débuta comme hussard, et c'est en cette qualité qu'il obtint sa première citation et sa médaille militaire. Les conditions qui lui valurent ces récompenses méritent d'être rappelées, quoique n'appartenant pas à l'aviation.

Parti en reconnaissance avec un lieutenant et deux fantassins, il s'était vu tout à coup cerner par l'ennemi, à Coucy-le-Château, au moment de la bataille de la Marne. L'officier ayant été blessé, Nungesser s'occupa de lui permettre de rejoindre son régiment, d'abord avec une automobile que des cyclistes allemands mirent dans l'impossibilité de continuer sa route, ensuite avec un cheval sur lequel il le plaça. A la faveur d'un bois, il put opérer le sauvetage. Le hussard s'occupa ensuite des deux lignards et de soi. Rampant dans les fossés avec l'espoir d'échapper à l'ennemi, ils voient soudain approcher une 40 chevaux Mors, montée par quatre officiers : un colonel de la garde impériale, un capitaine de cuirassiers blancs et deux lieutenants. Nungesser et ses camarades ouvrent le feu. Le combat est particulièrement acharné. Une pluie d'une quarantaine de balles, dont une coupe en deux le shako du hussard, est lancée à l'adresse des Français, avant que ceux-ci aient pu tuer les quatre Allemands. Ceux-ci morts, Nungesser se précipite, leur retire leur uniforme, met les vêtements dans la voiture, prend le volant, et, en dépit des ennemis, attirés par le bruit, qui accourent et commencent la fusillade, il s'enfuit avec les deux fantassins et parvient, en passant en trombe, à rejoindre les lignes françaises. Il va à l'État-Major. Il est pressé. Comment être introduit sans retard auprès du général ? Nungesser avise une sentinelle :

— Je suis un espion ! Prévenez votre général, je viens me livrer à lui.

Le stratagème lui permet d'être aussitôt appelé.

Notre héros est couvert de sang. Il s'est souillé en retirant les vêtements de ses victimes. Il raconte son exploit. Les papiers saisis sont d'une importance extrême. Le colonel se dirigeait à l'aide d'une carte sur laquelle des flèches indiquaient la marche des armées allemandes sur Paris. Le général, enthousiasmé, retient Nungesser à déjeuner :

— Tu es hussard, ajoute-t-il, tu as pris une Mors. Je te la donne, tu seras le *hussard de la Mors...*

Il ne se contente pas de cette modeste plaisanterie, il réclame la médaille militaire pour le jeune soldat : « *Le 3 septembre, son officier ayant été blessé au cours d'une reconnaissance, le mit tout d'abord à l'abri, puis, avec l'aide de quelques fantassins, après avoir mis les officiers qui l'occupaient hors de combat, s'empara d'une automobile et rapporta les papiers qu'elle contenait en traversant une région battue par les feux de l'ennemi.* » *Tel était le motif de la décoration.*

La guerre de tranchées empêchant les cavaliers d'accomplir la mission à laquelle ils sont appelés par définition, Nungesser demanda à passer dans l'aviation. En quelques semaines, il devint un maître. Il commença sur Voisin et accomplit cinquante-trois bombardements de jour et de nuit. Au cours du premier, une panne l'obligeait à terminer son vol en planant et en passant les lignes à moins de 500 mètres. Bientôt après il livrait son premier combat, près d'Arras. Il mitraillait un Albatros menaçant lorsqu'un second accourait par derrière et tentait de l'abattre. Nungesser ne parvenait à échapper qu'en piquant sans hésiter. Mais il se trouvait alors à 400 mètres au-dessus du territoire ennemi et les attaques terrestres succédaient au duel aérien. Le pilote reprenait de la hauteur et allait effectuer le bombardement qu'il avait bien failli ne pouvoir accomplir.

Une autre fois, au cours d'une attaque de nuit près d'Ostende, son appareil est pris dans le faisceau lumineux d'un projecteur infiniment puissant qui l'éblouit, ne le quitte pas et l'empêche de se rendre compte de la position de son avion. Nungesser lutte, exécute de multiples acrobaties, avec les bombes à bord, pour sortir de ce rayon indiscret, y parvient et va jeter son chargement sur les hangars des sous-marins.

De presque tous ses bombardements, il a rapporté de multiples éclats dans son appareil. Une fois, il eut le bout de sa chaussure sectionné net ; un autre jour, un éclat vint mourir entre son casque et son passe-montagne, tandis que l'observateur était blessé à la main.

Avant de quitter le Voisin pour le biplan de chasse, Nungesser soutint un combat dont il sortit vainqueur. A 2.900 mètres d'altitude, il aperçoit un oiseau ennemi : 500 mètres les séparent. Ils se précipitent l'un sur l'autre. Le Français tire soixante-douze balles de mitrailleuses. L'une d'elles se loge dans le carburateur et oblige l'Allemand à descendre dans nos lignes, vaincu.

— J'avais tout le temps peur qu'il me rentre dedans avec sa grande machine !... Telle fut l'impression que Nungesser rapporta de cette victoire.

C'est son duel du 28 novembre 1915 qui valut à l'adjudant-pilote d'être décoré de la Légion d'honneur.

Parti de bon matin sur son monoplace Nieuport pour faire un vol d'essai et tirer quelques bandes de mitrailleuses, il rencontre soudain dans la région de Nomeny deux avions de chasse allemands. Il fonce sur sa proie. Aussitôt l'un des ennemis s'enfuit. Le combat se déroule avec l'autre, à 2.500 mètres de hauteur. Trois ou quatre fois les deux adversaires se croisent, les balles pleuvant de part et d'autre. Nungesser tire trois bandes sans succès. Il ne lui en reste plus qu'une. Il jure d'être prudent et de ne pas la gaspiller. Jusqu'ici, il a ouvert le feu à cent mètres de distance. Cette fois-ci, quoiqu'il advienne, il n'appuiera sur la gâchette qu'à dix mètres de l'Allemand.

Il se place parallèlement à son antagoniste, un peu en avant et à la même hauteur pour éviter les balles et paralyser le tir, puis jugeant le moment opportun, dans un renversement sur l'aile, il se met en dessous de l'avion, à une cinquantaine de mètres derrière le stabilisateur arrière. De cette façon il ne risque pas d'être touché. En sentant sa cible, si proche, il éprouve la tentation de tirer, il a besoin de recourir à toute son énergie pour ne pas accomplir le geste qui pourrait sauver l'ennemi. Celui-ci doit supposer que le Français n'a plus de munitions. Lui, continue à actionner ses mitrailleuses, en pure perte d'ailleurs. Nungesser se rapproche sensiblement en cabrant et arrive bientôt à dix mètres de l'appareil qu'il veut abattre. Alors, il abandonne sa direction, se lève, s'assied sur le petit siège arrière, vise et commence à tirer ses vingt-quatre dernières balles. Toutes ou presque portent. Aussitôt l'Allemand pique du nez à plein moteur. Le pilote a dû être tué. L'appareil tombe comme une pierre devant Nungesser qui est obligé de faire un crochet à droite pour l'éviter. Cinq cents mètres plus bas, l'avion boche prend feu et se met en vrille ; avant d'atteindre le sol il fait explosion. Un petit tas, tout petit, c'est tout ce qui reste de l'engin et de ses occupants.

« Pendant deux jours, je n'ai rien pu manger, me racontait Nungesser. J'avais toujours devant moi l'atroce vision de l'appareil passant devant moi comme un bolide et de l'observateur que je n'avais pas tué. Il était debout à sa place, penché fortement en arrière, les bras levés dans un mouvement d'horreur, la figure convulsée. J'avais beau être heureux de mon succès et penser que, du moment que l'un des deux devait y rester il valait mieux que ce fût l'Allemand, je ne pouvais m'empêcher de plaindre l'affreuse agonie de ce pauvre bougre constatant qu'il allait à la mort, piloté par un cadavre. »

Ce succès ne valut pas que la Légion d'honneur à Nungesser. Il lui permit de se voir supprimer une punition de huit jours d'arrêts, portée la veille pour excentricité intempestive. Notre héros est d'ailleurs passé maître dans cet art.

Le jour de son arrivée au front, après qu'il eut obtenu le brevet militaire, il termine son vol par une série d'impeccables loopings jusqu'à cinquante mètres du sol. L'un des officiers vient le cueillir à sa descente d'appareil et, après l'avoir réprimandé :

— Si vous voulez faire l'acrobate, c'est sur les Boches qu'il faut agir et non pas ici.

— Bien, mon capitaine.

Et s'adressant à son mécanicien :

— Fais le plein, je vais obéir.

Il part, va au-dessus d'un aérodrome allemand exécute une série de loopings, de renversements sur l'aile et de feuilles mortes, revient, atterrit et va rendre compte à l'officier :

— C'est fait, mon capitaine !

. . . . . . . . . . . . . . . .

A la fin de 1915, ce héros faisait une chute terrible en essayant un nouvel appareil : il se fracturait la jambe, son corps portait de multiples contusions, sa figure était cruellement déchirée et, blessure atroce, le levier de direction lui entrait dans la bouche lui enfonçant le palais. La guérison était longue, on le conçoit. C'est au moment de la bataille de Verdun que la victime pouvait commencer à sortir. Un congé de convalescence et une proposition pour la réforme lui étaient remis. Nungesser semblait fini pour la guerre. Mais il refusait le conseil de réforme, déchirait le congé de convalescence et demandait à repartir immédiatement au front. Il allait effectuer un vol pour voir s'il pouvait encore monter. Il quittait ses béquilles avant de s'installer et, pilotant d'une jambe, pour se mettre l'appareil bien en main dans des conditions de conduite aussi précaires, il faisait le looping.

A ceux qui admiraient son courage de reprendre sa place de combattant, malgré son état :

— Pensez donc, répondait-il, Navarre et Guynemer qui possèdent aussi la médaille militaire et la Légion d'honneur, ont maintenant des palmes jusqu'au ventre. Si je ne les rattrape pas, je n'oserai jamais sortir avec eux, j'aurais l'air de leur ordonnance.

Le 1er avril, il arrivait au front, le 2 avril 1916, il s'attaquait à un drachen qui s'écroulait en flammes ; le 3 il abattait un avion et le lendemain il triomphait d'un bi-moteur allemand qui s'écrasait près de l'étang des Hauts-Fourneaux.

A son départ, il m'avait dit :

« Tu verras, avant quinze jours j'aurai mon Boche ! »

Ceux qui croyaient à un bluff quand je leur répétais ce propos sont bien obligés d'avouer que Nungesser est un modeste.

Il continua : le 25 avril, il attaquait un groupe de trois avions ennemis et en abattait un qui tombait sur les tranchées françaises. Le surlendemain, au cours d'un combat livré seul contre six, il avait ses vêtements et son appareil criblés de balles, les organes essentiels de son biplan considérablement endommagés : il réussissait cependant à rentrer après avoir fait s'écraser sur la forêt de Spincourt l'un de ses rivaux. Le 19 mai, nouveau succès : le septième officiel. Il abattait un avion sur le bois de Forges ; le 22 mai, il incendiait un drachen. Le mois suivant le 22, une de ses victimes s'effondrait sur nos réseaux de fils de fer près de Larnonville et le 21 juillet, il triomphait de son dixième Boche qui tombait près de Seuzey. Le 14 septembre 1916, il atteignait la douzaine !

CELUI QUI TUA
PÉGOUD

Lorsque le fameux Pégoud fut tué, aussitôt, avec une franchise peut-être exagérée, la censure laissa, publier la nouvelle dans tous les journaux en y joignant les détails du duel aérien. Et c'est par nous que l'ennemi apprit le succès qu'avait remporté l'un des siens. Plusieurs versions furent publiées qui donnaient en quelques lignes les diverses phases de la rencontre. Une lettre du pilote de l'avion vainqueur, le caporal Kandulski, fut même reproduite.

« J'ai eu un combat avec Pégoud, écrivait-il, alors il a fallu faire attention. Les forts de Belfort avaient ouvert contre moi un feu violent, les shrapnells éclataient tout autour. A peine étais-je hors de portée des canons ennemis, que tout d'un coup l'avion français s'approchait et un combat s'engageait à une hauteur de 2.400 mètres.

« Pour commencer, je me hâtais de tourner mon appareil, afin de pouvoir librement tirer de flanc. Mon observateur, le premier lieutenant

Bilitz, mettait en train immédiatement la mitrailleuse qui, après le trentième coup, cessait de fonctionner. Sur ces entrefaites, Pégoud s'approchait à cinquante mètres.

« Je décrivais un cercle autour de lui, puis j'achevais une courbe brusque à gauche, et ainsi je tenais mon adversaire de flanc. Alors, Bilitz, dont la mitrailleuse avait été réparée, lui envoyait le coup mortel. »

Ce récit n'est pas tout à fait conforme à la vérité. La relation réelle de la rencontre a été donnée par le lieutenant Bilitz lui-même dans un rapport officiel de quatre pages dont nous avons pu avoir des fragments. Il est intéressant de savoir dans quelles conditions le glorieux pilote français fut frappé.

L'avion de Kandulski était un biplan d'environ 24 mètres d'envergure, qui possédait la faculté de voler à 130 ou à 80 kilomètres à l'heure, à volonté. Il était blindé sur toute sa surface. Seules, les têtes des passagers étaient à découvert. Ce n'était pas un appareil de chasse, mais un aéroplane à tout faire : il opérait aussi bien pour le bombardement et le réglage de tir que pour la reconnaissance et le combat.

Je connais un pilote qui, quelques jours après la mort du créateur du looping, livra un combat de vingt-cinq minutes à cet extraordinaire appareil. C'est le journaliste Max B..., engagé volontaire, devenu l'un de nos plus fins pilotes. Très crânement, il attaqua, mais profitant de la sanglante leçon, évita de se mettre dans le champ de tir de l'Allemand et se contenta de voler au-dessous de lui pour l'immobiliser. Il réussit à ne rapporter aucune trace de balle, mais toutes les siennes ne firent que marteler de-ci de-là, le blindage sans le traverser. Le duel se termina faute de munitions de part et d'autre, et Kandulski essaya une ruse qui réussit parfois. Comme il s'enfuyait, poursuivi par l'oiseau français, il diminuait son altitude à mesure qu'il se rapprochait de ses lignes. Son blindage lui permettait de ne rien redouter des ripostes terrestres venant de nos tranchées, mais par contre, Max B... n'aurait pas manqué d'être abattu par les canons contre avions.

Tel est, autant que ceux qui ont été aux prises avec lui peuvent le certifier, l'appareil qui a eu l'honneur d'abattre l'un de nos plus remarquables aviateurs dont la campagne avait été merveilleuse.

Lorsque ce vol tragique fut effectué, le 31 août, Kandulski et Bilitz étaient en train de faire une reconnaissance photographique aux environs de Belfort. Pégoud, qui, dès qu'un avion ennemi était

signalé, était le premier à prendre son vol, s'élançait aussitôt à la poursuite de celui que tous
croyaient voué à une mort certaine s'il était rejoint. Cabrant de toutes ses forces pour monter
plus rapidement, le Français donnait l'impression
d'un ascenseur. L'ennemi était entre 1.800 et
2.000 mètres, semblant attendre l'assaut sans
s'inquiéter. De l'aérodrome, le duel était visible
dans ses moindres phases. Tous, avec émotion,
prévoyaient le moment où l'Allemand allait
s'effondrer, convaincus qu'ils étaient que celui-ci
ne pourrait échapper à la maîtrise de Pégoud,
aussi bon pilote qu'émérite tireur. Le crépitement
des mitrailleuses parvenait par instants aux oreilles
des témoins angoissés, lorsque soudain, alors que
le Français se trouvait juste au-dessous de son
antagoniste, on voyait son petit biplan s'effondrer
comme une pierre et aller s'écraser non loin du
port d'atterrissage. Pendant ce temps, l'Allemand
fuyait à tire d'ailes vers son nid. Je ne reviendrai
pas sur la consternation et la douleur que causa ce
drame, je me contenterai de donner les impressions
de l'observateur Bilitz.

« Nous étions, Kandulski et moi, en train de
prendre des vues photographiques des retranchements ennemis du côté de Belfort, lorsque nous

voyions tout à coup un point noir monter comme une flèche du terrain d'aviation d'où partent, à chacune de nos randonnées, les avions chargés de nous chasser. Sûrs de nous, grâce à notre blindage, et, puissamment armés, nous laissions l'adversaire approcher, étant décidés à l'accueillir comme il convenait. Nous savions, en effet, qu'il ne se méfierait pas de nous, notre appareil n'ayant nullement l'aspect d'un avion de combat.

« Nous ralentissons notre allure, descendons même, comme si nous allions au-devant de l'assaillant. Celui-ci, lorsqu'il est à une cinquantaine de mètres de nous, se place au-dessous, sur le côté, et commence à ouvrir le feu. Je riposte, grâce à la mitrailleuse qui me permet de tirer de haut en bas. De part et d'autre les balles se perdent. Le feu continue. Un enrayage, vite réparé, m'empêche de tirer pendant quelques instants. Le Français change ses bandes avec rapidité et envoie de nouvelles salves tout en approchant. A un moment, l'une de ses balles vient heurter le blindage du fuselage, fait ricochet et va s'aplatir sur le réservoir d'essence. Je le dis à Kandulski en lui donnant l'ordre de rentrer en hâte, car je crains que notre réservoir ne soit crevé. Mon pilote obéit, non sans que je tire une dernière salve sur l'adversaire. Celui-ci passe au-dessous de notre appareil et disparaît.

« Trop occupé par la possibilité d'un atterrissage inopportun dans les lignes françaises, par suite du manque de carburant, je ne m'inquiète plus de lui. Nous parvenons à regagner notre centre et racontons que nous avons soutenu un combat sans plus y attacher d'importance.

« C'est le 6 septembre seulement que nous apprenions, par les journaux français, qu'au cours d'un combat avec un avion allemand le célèbre Pégoud avait été tué net d'une balle à l'aorte.

. . . . . . . . . . . . . . . .

A quelques mois de là, le 18 mai 1916, Kandulski évoluait au-dessus de Mulhouse. Un de nos avions survient. L'Allemand se précipite sur lui. Le combat s'engage. Le Français fait demi-tour, se met face à l'ennemi, actionne sa mitrailleuse. Au bout de la première bande, l'adversaire tourbillonne dans les airs, pique et va s'écraser sur le sol.

Le sergent R... avait vengé Pégoud.

Lorsque la guerre éclata, quoique Danois, il s'engagea aussitôt dans l'aviation. Il avait accompli en temps de paix, de magnifiques voyages, allant, notamment, de Paris à Prague, dans la même journée. Dès qu'il fut en escadrille, L... J... prouva qu'il était l'un de nos plus habiles et de nos plus courageux pilotes. L'un de ses compatriotes, P... K..., imita son exemple et réussit également à montrer au commandement quelles unités de grande valeur nous procurait le Danemark. L'un et l'autre ignorent le danger, ont le même mépris de la mort, volent avec une égale maëstria, mais il est difficile de se représenter deux êtres plus différents au physique et au moral. J... est petit, K... est un colosse. Ce sont, tous deux, de parfaits athlètes, mais autant celui-ci est emballé, violent, impétueux, autant celui-là est pondéré, froid, réfléchi. Tous deux ont accompli des prouesses admirables, mais chacun dans son genre. Une seule ressemblance : les services qu'ils ont rendus leur ont valu la médaille militaire et de multiples citations. C'est K..., qui, s'étant crevé un œil dans un accident d'avion, a demandé à repartir et a repris sa place au front en guise de convalescence.

Il est difficile de citer un vol émouvant du sous-lieutenant L... J... Ils sont légion. Ne serait-ce pas celui au-dessus de Thiaucourt ? Il allait, matin et soir, bombarder quotidiennement cet objectif où il accomplissait de véritables ravages. Un jour, il cherchait le rassemblement sur lequel il désirait lancer son chargement d'obus et de flé-chettes, et ne le trouvait pas, lorsqu'une batterie spéciale ouvrait le tir contre lui. C'étaient les débuts d'un canon à tir vertical dans cette région. Plusieurs éclats atteignaient l'avion de J..., — un monoplan, appelé l'*Aiglon*, et offert à l'armée, par Mme Sarah-Bernhardt, — l'un crevait une aile, un autre traversait le fuselage, un troisième coupait un croisillonnage, un quatrième, enfin, venait frapper l'appareil à moins de vingt centi-mètres du corps du pilote. Celui-ci, par des manœu-vres habiles, échappait à l'attaque décisive. Allait-il rentrer, maintenant que son oiseau était blessé ? Une pareille idée n'effleurait même pas son cerveau. Cette pièce était considérée par lui comme un agent de renseignements de la plus haute importance. Grâce à elle, il savait maintenant où il fallait porter l'attaque. Il se dirigeait vers elle et, visant avec soin, faisait tomber ses bombes et ses dards d'acier. Ce n'est qu'après avoir rempli de point en point sa mission qu'il songeait à rentrer. Il venait atterrir à son port et, là, sa première parole était celle-ci :

« Je suis bien heureux. Mes précédents bombardements ont dû être efficaces, car les Allemands ont fait venir en mon honneur une batterie spéciale. »

Peu lui importait le danger qu'il avait couru, il ne songeait qu'à l'efficacité de ses vols.

C'est J... qui, chargé de projeter obus, fléchettes et proclamations, nous expliquait sa façon d'opérer :

« Je lance d'abord les bombes. Elles font du bruit. Les troupes s'amassent. Des groupes se forment. C'est alors que j'ouvre mes boîtes de fléchettes qui n'ont qu'à taper dans le tas. Ensuite, au moment où les rescapés se lamentent sur les rigueurs de la guerre, je jette les proclamations qui conseillent à l'ennemi de se rendre. »

Je crois que le vol le plus remarquable de J...,

est celui qu'il effectua le 1er août 1915. Dès l'aurore, des avions ennemis étaient venus bombarder Nancy. Prévenu en hâte, il quitte son aérodrome sur un mococoque monoplace et va veiller sur la sécurité de la grande cité de l'Est. Il prend de la hauteur pendant les vingt-cinq kilomètres du voyage. Quand il arrive au-dessus de Nancy, le groupe d'assaillants a disparu, mais soudain il aperçoit des points noirs se détachant au loin dans le ciel. C'est une nouvelle cohorte d'Allemands qui viennent semer la mort sur la ville. Il est seul pour répondre à l'assaut. Il n'hésite pas. Il s'élance à la rencontre des agresseurs. Il les compte. De tous les coins de l'horizon il en voit arriver. Quatre, cinq, huit, dix ! Il en distingue dix. Ils sont tous à quelque distance les uns des autres. Le Danois a vite fait d'établir la tactique qu'il va employer. S'inspirant du combat des Horaces et des Curiaces, avec cette différence qu'au lieu de fuir, il ira de l'avant, il va s'attaquer tour à tour à chacun des ennemis, et s'arrangera de façon que sa vitesse d'exécution lui permette de venir à bout de chacun sans craindre qu'ils ne se groupent pour l'écraser sous le nombre.

Il fonce sur l'avion de tête qui surgit pesant et majestueux, gêné par le poids d'explosifs qu'il destine à la ville ouverte convoitée. Vite la mitrailleuse. J..., abandonne sa direction et vise. A peine les premières balles sont-elles tirées que le Boche fait un rapide demi-tour et retourne d'où il vient, non sans laisser tomber ses bombes en pleins champs. J... n'a pas le temps de s'occuper de lui. Il passe au deuxième et ainsi de suite, toujours avec le même succès, jusqu'au dixième. Chaque avion allemand transportant un pilote et un bombardier, c'est donc de vingt hommes que notre héros, seul à bord, triompha en cette circonstance. La lutte dura de 5 h. 45 à 6 h. 30 du matin.

L'exploit est glorieux, et mérite d'être cité, surtout à cause de la beauté et de la noblesse du geste de celui qui en fut le héros. J..., s'il avait insisté dans ses attaques, aurait pu abattre, sûrement, un et peut-être deux ou trois oiseaux ennemis. Sa conscience le lui défendit : pendant qu'il aurait combattu un adversaire, les autres auraient continué leur voyage et seraient allés semer la mort sur Nancy. Nulle récompense n'aurait été trop belle pour celui qui, au cours du même vol, aurait descendu deux ou trois avions, mais combien d'innocentes victimes auraient été faites par les autres ? Le Danois jugea que son devoir n'était pas d'écraser à terre quelques proies, mais d'empêcher tout le groupe d'atteindre son but. C'est ce qu'il fit et, grâce à cette conception qui montre son beau caractère, Nancy fut, ce jour-là, protégée et échappa à un déluge de mitraille. On ne saurait trop citer cet exemple à ceux qui oublient parfois l'intérêt général pour ne s'occuper que de leur propre vanité.

Une citation à l'ordre du jour, l'une des plus belles de la cinquième arme, a officiellement enregistré cette fantastique randonnée aérienne :

« *J..., L..., N..., pilote hors ligne, possédant, an plus haut degré, les qualités de calme et de froide résolution. Le I<sup>er</sup> août 1915, a attaqué successivement dix avions allemands, qui se dirigeaient sur Nancy, et les a obligés à fuir, en jetant leurs projectiles sur la campagne.* »

J... n'a pas encore eu la joie de voir tomber dans nos lignes l'un des appareils auxquels il s'est attaqué, mais, par quatre fois, il a acquis la certitude qu'il en avait abattu en territoire ennemi. Néanmoins, quand on lui dit qu'on n'ignore pas ces prouesses :

« Il n'y a que ceux qu'on ramasse sur notre territoire qui comptent, répond-il. Jusqu'à ce moment, je ne me considérerai pas comme un tueur de Boches ».

Cet officier n'est pas, hélas ! dans un secteur où il peut faire valoir ses qualités de toréador de l'air. Les avions allemands y viennent très rarement. Il ne peut donc pas leur livrer la chasse acharnée qui ferait de lui le digne émule des Garros, Gilbert et Pégoud.

De son compatriote P... K..., nous nous contenterons de rappeler ce simple passe-temps : lorsqu'il va effectuer une mission et qu'il est encadré par les nuages, que laissent dans l'air les obus ennemis, il pique et, avec une véritable virtuosité, se faufile à travers les légers flocons comme s'ils constituaient des obstacles infranchissables. Têtu, il reste au-dessus de la batterie qui le cherche jusqu'à ce que celle-ci cesse de tirer. Il ne veut pas quitter la place avant, sous prétexte, déclare-t-il, « que les Allemands pourraient supposer qu'il a peur ».

Le Danemark, on le voit, tout en conservant sa neutralité, nous a fourni là deux auxiliaires précieux, dont il peut être légitimement fier.

L'observateur qui ne connaît pas la manœuvre de l'avion fait preuve d'une belle témérité. Il est à la merci d'une balle ou d'un éclat atteignant le pilote et se trouve, en ce cas, dans la situation la plus tragique qui se puisse imaginer.

Et, lorsque le pilote n'est pas mortellement atteint, lorsqu'il n'est qu'évanoui, abandonnant les commandes ! Songez à celui qui l'accompagne, impuissant, ne pouvant qu'essayer de le faire revenir à lui.

Le 13 juin 1915, au cours du bombardement d'un champ d'aviation, un projectile atteint très grièvement à la jambe un capitaine. L'aviateur perd connaissance, laissant son appareil voguer au gré du vent. Son bombardier, un caporal, se rend compte du péril, et, à 2.000 mètres, dans les airs prodigue ses soins à l'officier, qu'il parvient à ranimer. Malgré la souffrance, le pilote réussit à rentrer à son port d'attache. De même, le 31 juillet 1915, le capitaine anglais Liddell, allant bombarder Ostende, croise en route un Aviatik qui le mitraille. Une balle touche l'avion, rencontre un corps dur, est réduite en menus fragments qui pénètrent dans la jambe de l'officier, y faisant une cinquantaine de blessures. La douleur provoque une syncope. L'appareil décrit une série d'évolutions bizarres, que termine un impeccable looping, puis il se redresse et plane lentement. Mais que va être la chute ? Ces secondes d'intense émotion paraissent des siècles au bombardier. Tout à coup, — victoire! — Liddell reprend ses sens, se rend compte de la situation, saisit la direction et rentre sans encombre. Quelques jours après, il mourait des suites de ses blessures.

Autre accident enregistré le 14 décembre 1915. Un navire anglais, transportant du charbon, s'était échoué devant la Panne, en Belgique, et, depuis deux jours, les aviateurs ennemis, qui s'en étaient aperçus, venaient très régulièrement bombarder cet objectif, sans le moindre succès, d'ailleurs. Le charbonnier restait intact et la pluie de bombes ne parvenait qu'à faire des ravages parmi les poissons approchant de la côte. Les appareils allemands, cependant, venaient à faible hauteur, arrivant par la mer, et s'enfuyaient aussitôt après avoir déclanché leur charge.

Vers 3 heures de l'après-midi, deux hydravions passaient les lignes au-dessus de l'Yser et se dirigeaient, en longeant le rivage, vers leur cible habituelle. Un de nos biplans, réglant un tir d'artillerie, avisait les agresseurs et, abandonnant son observation, piquait, sans hésitation, vers eux pour engager le combat. Il n'était plus qu'à 300 mètres, et tous les soldats en bas se préparaient à assister à une angoissante rencontre, lorsque l'hydravion le plus proche tirait une première bande de mitrailleuse. Le duel se terminait aussitôt, sans même que notre représentant eût riposté. Les poilus, déçus, commençaient déjà à plaisanter le courage des nôtres. On apprenait, dans la soirée, que l'observateur avait été très grièvement blessé par une balle, qui avait traversé sa poche et pénétré dans l'épaule gauche. Son pilote, ne se rendant pas compte de ce qui se passait, continuait à chercher la position favorable pour ouvrir le feu, mais rien, toujours rien, son compagnon n'actionnait pas son arme. Irrité, il se retourne et que voit-il ? Son observateur étendu dans la nacelle, les yeux fermés, évanoui. Il croit d'abord que l'Allemand l'a tué et, sans tarder, se précipite à la descente, s'en va rejoindre son aérodrome, pour y déposer la dépouille lugubre. Le passager n'était, fort heureusement, que blessé.

Enhardis par leurs succès, les Allemands, voyant la route libre, s'empressent de continuer leur mission, qu'ils espèrent meurtrière. Ils se croient définitivement tranquilles, lorsque, au loin, un petit appareil, venant de Dunkerque, arrive à toute vitesse. Il approche, en faisant plus de 150 kilomètres à l'heure. C'est un biplan de chasse monoplace, piloté par un officier anglais qui assume, à la fois, les fonctions délicates de pilote et de mitrailleur. Lorsque les deux aviateurs ennemis le voient, il est trop tard. Ils ne peuvent échapper au choc. L'Anglais se dispose à attaquer, choisit l'un des hydravions et ouvre le feu à moins de cinquante mètres de lui. Les soldats, dans leurs trous, perçoivent distinctement le bruit de la fusillade réciproque. Les bandes de mitrailleuses sont hâtivement déroulées, de part et d'autre.

Soudain, l'un des appareils allemands vacille dans les airs, perd l'équilibre et s'écroule comme une masse. Les flots se referment sur lui. Jugeant la situation critique, l'autre hydravion ne cherche pas à venger son camarade. Demi-tour et la fuite.

Au lieu de rentrer pour faire son rapport, l'oiseau victorieux pique en chandelle vers les nues et se dirige à toute vitesse vers la pleine mer. Que signifie cette manœuvre inattendue ? Que se passe-t-il ? Les minutes s'écoulent et l'avion ne revient pas. On s'inquiète. Les versions les plus fantaisistes circulent. Pourquoi l'Anglais est-il allé se perdre au large, alors qu'en quelques coups d'aile il serait rentré à son port d'attache ?

Ce n'est que le lendemain qu'on recevait des nouvelles.

Au cours de l'engagement aérien. L'Anglais avait été touché par une balle. Dès que la bataille avait été terminée par la chute de l'ennemi, il était tombé, inanimé, sur son siège. Dans ce mouvement, il avait tiré sur le levier qui, répondant aussitôt, avait lancé, le petit biplan à l'assaut de l'atmosphère, dans un cabrage émotionnant. Quelques instants après, le pilote, le visage fouetté par le grand air, avait repris peu à peu ses sens. Il regarde : au-dessous de lui, la mer, pas de rivage à l'horizon. La situation est critique. Depuis combien de temps vogue-t-il ainsi ? Il n'en sait rien. A-t-il encore de l'essence en quantité suffisante pour rentrer ? Il l'ignore. Et puis, cette course vers l'inconnu, comment doit-il la modifier pour retrouver son chemin ? Il cherche à se fier à la boussole et se dirige tant bien que mal, mais ses forces le trahissent et il perd de nouveau connaissance. Cette fois, il n'a pas entraîné le levier. Au contraire, il l'a légèrement poussé en avant et l'avion plane, descend, se pose sur la mer d'une façon parfaite, miraculeusement. Secoué par la houle, sur son frêle esquif, le pilote revient à lui une seconde fois. Il constate sa situation avec effroi, se croit perdu...

Non, il sera sauvé, après avoir vu la mort de si près, à plusieurs reprises, en quelques instants : un torpilleur anglais, qui a de loin assisté au combat aérien et vu la fuite étrange du triomphateur, s'est mis aussitôt à sa poursuite. Il arrive à temps pour secourir le valeureux blessé et le ravir aux flots, prêts à l'engloutir.

# LE PILOTE
## AU PIED COUPÉ

Le 15 avril 1915, treize appareils allaient bombarder les ateliers de la marine à O... Le sergent de M..., qui prenait part à l'attaque, partit à 3 h. 45 de l'après-midi. Il allait vers la mer, en prenant de la hauteur. Il volait à 260 mètres d'altitude et, pour éviter les canons ennemis, se maintenait à 10 kilomètres au large. Approchant de l'objectif, il prenait ses dispositions pour passer au-dessus d'une façon très précise, lorsqu'il apercevait une batterie de quatre canons verticaux défendant les hangars de construction de sous-marins qu'il avait mission de bombarder. A chaque salve les éclairs étaient très visibles : les pièces tiraient sur les camarades du sergent de M... qui se trouvaient à l'intérieur des terres.

L'avion était sans doute découvert à cet instant car un premier obus explosait si près que les lunettes de l'observateur étaient brisées et qu'un éclat venait se loger dans son passe-montagne auprès de la tempe droite. Quant à la carlingue, elle était criblée de trous. Le pilote ne perdait pas son sang-froid et, sans plus s'inquiéter de la riposte terrestre, amenait son appareil juste au-dessus du but, pour permettre au bombardier de lancer un projectile de 155. L'opération s'effectuait d'une façon parfaite : en virant sur une aile, pour constater la chute, les deux amis le voyaient éclater sur le second bâtiment de gauche d'une série de quatre hangars couverts en tôle ondulée, constituant le point donné comme objectif.

Pendant ces quelques instants d'observation, le déluge de feu continuait de plus en plus précis, de plus en plus nourri et l'un des obus atteignait le capot du biplan, y faisant un trou énorme, enlevant une partie du palonnier, brisant le contact, la commande de direction et divers fils.

A cela ne se borne point l'œuvre dévastatrice. Le pilote est blessé : il a la moitié du pied gauche sectionné, ne tenant plus que par un lambeau de chair. L'observateur ne s'en aperçoit point sur le moment, de M..., continuant à manœuvrer. Celui-ci avec son moignon sanglant, tente de faire virer l'avion. Mais la commande gauche est brisée ; par un prodige d'énergie et en faisant preuve de qualités inouïes de pilote, il réussit cependant à écarter l'appareil de l'endroit dangereux et à le conduire au large.

Là, l'observateur voit son ami se baisser. De M..., gêné par son bout de pied qui l'empêche de conduire avec aisance, tire avec vigueur pour le détacher complètement et se retourne, le passant à son bombardier. Minute tragique !

— Tiens, lui dit-il, ça m'embarrasse. Et puis tu auras ainsi un projectile de plus à leur flanquer sur la figure !

Le passager se rendant compte de l'étendue de ce drame affolant, est convaincu que le pilote va s'évanouir :

— Laisse-moi prendre les commandes ! lui demande-t-il. Je tâcherai de m'en sortir.

— Penses-tu, répond de M..., tu n'aurais qu'à capoter, tu serais capable de me blesser. Sois sans crainte, je garantis le retour.

Et, de temps à autre, gouailleur, il crie :

— Ne perds pas mon pied, surtout. J'ai réfléchi, je veux le conserver.

Le sang coule à flots de l'affreuse blessure. Cependant, le pilote accomplit des prodiges de virtuosité, pour éviter les projectiles que l'ennemi continue à lancer. Le vol dure encore trente-cinq minutes, pendant lesquelles, au prix d'un effort surhumain, de M... réussit à obliger son appareil à longer la côte.

C'est enfin l'atterrissage. Laissons à des témoins le soin de le décrire :

« L'avion vint de l'ouest, côté plage. Il était soumis à des oscillations bizarres. Il exécuta un virage pour se placer face au vent qui soufflait du nord-ouest. Il dut franchir une ligne d'arbres d'une hauteur de quinze mètres, une seconde ligne de haies dépassant trois mètres, et toucha le sol en pleine zone d'atterrissage en manœuvrant avec une habileté rare, pour ne se poser que sur les roues arrière, l'essieu avant étant brisé.

« Le pilote remit les gaz pour conduire l'avion vers les hangars. Tous les spectateurs de cette descente furent émerveillés, mais quand ils surent dans quel état se trouvait le sergent, leur admiration se changea en une émotion profonde provoquée par la conduite héroïque du malheureux mutilé qui avait lutté jusqu'au bout pour ramener son passager à bon port. »

Dès qu'il eut touché terre, de M..., se tournant vers son camarade, l'interrogea :

— N'as-tu pas cessé d'avoir confiance en moi quand tu as vu dans quel état j'étais ?

— Mon Dieu, je ne pensais pas que tu résisterais à la douleur.

— Eh bien ! tu as vu que tu te trompais. Quand je t'ai dit que je te ramènerais en France, c'est que j'étais sûr de moi. N'avais-je pas charge d'âme ? Et puis, tu me vois tomber chez les Boches ! Ils auraient été trop heureux de constater que j'étais abîmé...

L'observateur saute de l'appareil. Son pilote l'appelle :

— Va vite dire au capitaine que nous avons touché l'objectif et que nous avons vu éclater notre 155 en plein au milieu.

De lui, il n'est pas question. Ce qui lui importe c'est d'avoir accompli sa mission. Son chef vient le féliciter :

— Que désirez-vous comme récompense ? demande-t-il.

— Un avion de chasse pour me venger !

La Légion d'honneur fut remise à ce héros.

Il est intéressant d'examiner les ravages que l'obus avait faits sur l'avion : au train d'atterrissage, l'essieu avant était brisé, les deux extrémités de la cassure présentant un écartement de 25 centimètres ; à la roue gauche, quatre rayons cassés ; à la roue droite, sept rayons arrachés ; au plancher de la nacelle un trou rectangulaire de 25 centimètres de long sur 5 de large, à l'angle de la fenêtre en mica, juste sous le palonnier ; à côté, un autre trou rond de 6 centimètres de diamètre ; dans le plancher de la carlingue, 25 trous de shrapnells, à la carlingue, côté droit, 5 trous de shrapnells ; au côté gauche, une énorme déchirure de 60 centimètres, limitée d'un côté par le longeron cintré, de l'autre par la traverse oblique. Elle présentait une ouverture de 40 centimètres dans sa partie médiane. Au plan inférieur gauche : un trou. Au plan supérieur gauche : un trou de 12 centimètres de long sur 5 de large, 3 trous de shrapnells et une gerbe d'éraflures. Au plan inférieur droit : 9 trous, dont deux dans le longeron en fer.

A l'intérieur du fuselage, une grande flaque de sang couvrait le plancher sur une longueur de 1 mètre et une largeur de 50 centimètres. Un lambeau de chair, provenant du pied du pilote, était accroché à un tendeur, au-dessus du secteur des gaz.

Le longeron supérieur gauche du capot était brisé ; les tendeurs de soutien coupés ; l'ampoule d'éclairage électrique arrachée ; les fils conducteurs sectionnés. La planchette de support des manettes semblait pulvérisée ; le contact était détruit.

Le palonnier de direction était sectionné à l'extrémité gauche jusqu'au dernier trou orienté vers le pivot. Le bout de cette direction manquait sur une longueur de 20 centimètres.

Enfin, on recueillait, d'une part, une botte fourrée pour pied gauche, dont subsistaient seulement la tige montante et le talon ; les déchirures étaient couvertes de caillots de sang. La partie chausson avait été enlevée par le projectile. D'autre part, une bottine pour pied gauche, dont la partie avant avait été emportée et dont il restait seulement un morceau de tige avec boutons et le talon.

Le glorieux héros de cette tragédie de l'air, dès sa guérison, a demandé à reprendre sa place au front, comme pilote de chasse !

## LE CORSAIRE
## DE L'AIR

Il semble un héros échappé des romans de cape et d'épée. Le danger est sa vie. Il joue avec lui. Ses aventures à la guerre sont fantastiques. Il commença par être fait prisonnier à la suite d'une panne en pays neutre et parvint à être relâché. Il rentra en France et partit bientôt dans l'Est. Le capitaine exige beaucoup de ses pilotes, mais il donne l'exemple. Lorsqu'il va exécuter un bombardement avec eux, chaque appareil porte un signe spécial et il se place à 2.500 mètres au-dessus de l'objectif, pendant que ses compagnons lancent leur chargement. Son mitrailleur regarde avec une jumelle, indique les points d'éclatement des bombes de chacun et les inscrit sur un carnet. Une fois l'opération de son personnel terminée, le chef descend en spirales, vise avec précision, donne le coup de grâce. Il attend, pour juger des effets, puis rentre, escortant ses hommes, comme un fidèle chien de berger et se portant à leur secours, le cas échéant.

Ce n'est pas sans courir des risques qu'on est devenu la terreur de l'Allemagne. Aussi est-il difficile de dire quel fut son vol le plus émouvant.

Est-ce lors de son bombardement du 11 février 1915 ? Au cours de cette mission, il livrait, à deux reprises, combat à un Aviatik armé de deux mitrailleuses. Quoique son appareil eût été fort endommagé par vingt balles (deux commandes, un longeron, un support de plan rabattant brisés, le capot transpercé de part en part), il continuait sa randonnée et allait lancer huit obus sur la gare de Bollwiller et sur une usine.

Est-ce quand il alla pour la première fois, le 3 mars 1915, dans un vol de cinq heures vingt, attaquer la poudrerie de Rottweil qu'il détruisait en partie et où il constatait au bout de dix minutes un incendie terrible ? Ses quatre obus, grâce à sa faible hauteur, avaient tous porté : l'un dans les bassins acides, les autres sur les bâtiments. Les flammes s'élevaient aussitôt et la fumée montait jusqu'à 1.500 mètres.

Et le bombardement de la gare de Villingen effectué le 1er avril 1915, à 800 mètres d'altitude? Et le deuxième bombardement de Rottweil, le 16 avril 1915 : dix obus de 90 lancés sur la poudrerie provoquant une grande flamme rouge, très large, surmontée d'une épaisse fumée noire ? L'officier restait près d'un quart d'heure au-dessus de l'objectif à une altitude de 1.600 mètres, narguant les deux batteries verticales et la section de 77 qui défendaient l'objectif. Il rentrait avec onze éclats dans son appareil.

Et l'attaque, de Friedrichshafen le 28 avril 1915, où il lançait six obus dont deux atteignaient le grand hangar, malgré le tir de riposte de trois batteries spéciales ? Deux zeppelins étaient sérieusement endommagés.

Et le bombardement de la gare de Colmar le 20 juillet 1915 ? Première envolée le matin à 4 heures avec cinq autres appareils et retour sur l'objectif l'après-midi pour y lancer de nouveau huit bombes.

Combien d'autres pourraient être cités ? Mais le vol qui a dû sembler le plus émouvant à ce héros, celui qui a dû lui laisser le souvenir le plus tragique est, sans aucun doute, le troisième bombardement de la poudrerie de Rottweil, le 25 septembre 1915.

L'expédition devait être entreprise par cinq pilotes, mais l'un d'eux qui, quelques jours avant, avait attaqué un train à cinq mètres du sol, s'était fait porter malade ; un autre, ayant des démêlés avec son moteur et s'étant perdu dans le brouillard, avait dû rebrousser chemin en arrivant aux lignes. Trois restaient donc ensemble. L'un était le glorieux capitaine, l'autre le lieutenant D..., le dernier le caporal P... Le trio volait de conserve, longeant la frontière suisse jusqu'au Rhin, pour remonter ensuite la Forêt-Noire jusqu'à Fribourg d'où il devait atteindre la poudrerie de Rottweil déjà si durement mise à mal par le chef de l'escadrille.

Tout se passait parfaitement lorsque, quelques kilomètres avant Fribourg, plusieurs avions de chasse ennemis sortaient de la brume et se déployaient en éventail, essayant de couper la route aux Français. Ceux-ci avaient pour dix heures d'essence ; leurs appareils, surchargés d'explosifs, étaient lents et peu maniables. Ils offraient une cible relativement facile et ne pouvaient se défendre, d'une façon efficace. C'est H... qui subit le premier choc, de la part d'un grand monoplan, qui n'était pas un Fokker et qui rappelait, comme envergure, l'Antoinette de Latham. Deux hommes à bord. Cet engin était bien connu des pilotes qui opèrent du côté de l'Alsace. L'officier ripostait avec tant de vaillance et de sang-froid que l'agresseur jugeait prudent de ne pas insister, l'abandonnait, et se dirigeait vers un autre avion, celui du caporal P...

Le capitaine cherchait à aller au secours de son pilote, mais l'adversaire était beaucoup plus rapide et, après un court combat, réussissait à abattre le malheureux caporal qui évitait la mort de peu et était capturé.

Pendant ce temps, le capitaine, là-haut, tournait et virevoltait, ne perdant pas une des phases du drame auquel il assistait en témoin impuissant, mais décidé à se venger. Après la chute de P..., il reprenait sa route vers l'objectif, avec la volonté de faire payer cher la 'perte de son collaborateur. Il volait, calme et placide, méprisant l'ennemi qui reprenait de la hauteur dans l'espoir de le rejoindre et de l'attaquer : ce premier succès avait enhardi le Boche.

Le lieutenant D..., qui avait continué son chemin sans s'arrêter, se voyait à son tour entouré d'avions ennemis, et l'un d'eux l'abattait au nord-est de Fribourg. Cette mort était une perte pour notre cinquième arme, D... s'étant signalé à diverses reprises par des bombardements, souvent nocturnes, d'une hardiesse digne de celle de son chef.

Le capitaine restait seul pour accomplir la mission. Au lieu de faire demi-tour, comme l'indiquait la prudence, puisqu'il n'était même pas à mi-chemin de la cible, il persévérait, seul contre tous, et allait jeter huit bombes sur la poudrerie. Toutes portaient juste au milieu : immédiatement une épaisse fumée noire montait vers le ciel, cette fumée observée pour la troisième fois par l'audacieux pilote. Il restait, selon son habitude, dix minutes au-dessus de l'établissement pour bien enregistrer l'effet de son tir, puis, prenait le chemin du retour, exactement le même que celui de l'aller, se souciant peu de faire un crochet afin d'éviter les avions ennemis.

Certes, l'alarme avait été donnée, et lorsqu'il arrivait au-dessus de la Forêt-Noire, il apercevait un véritable rideau d'avions le guettant. Tous se précipitaient dans l'espoir de l'abattre : il en évitait cinq ou six, par des manœuvres habiles, puis devait soutenir le combat successivement contre deux avions, dont le second l'attendait au-dessus de Lörrach. Ce dernier duel était particulièrement acharné, et le capitaine finissait par obliger son adversaire à s'enfuir. Tranquillement, posément, il reprenait sa route vers nos tranchées, pleurant la perte de ses camarades. Près des lignes, il apercevait les avions de chasse français qui attendaient le retour de l'escadrille. L'un d'eux s'approchait et faisait des signes pour savoir si les autres avions suivaient. Le mitrailleur, dans un geste désolé, répondait qu'il n'y avait plus personne à espérer. Un seul appareil rentrait. Et dans des conditions miraculeuses : quand on alla le voir, on s'aperçut, en effet, que le capot et la nacelle étaient criblés de balles ; certaines avaient passé entre les jambes du pilote. Des mâts étaient coupés, des haubans sectionnés, les ailes étaient déchiquetées par les éclats d'obus. Lorsqu'on parla de ces multiples blessures à l'officier qui n'avait pas ouvert la bouche sur les attaques dont il avait été l'objet, il répondit simplement :

« Dame, vous pensez bien qu'ils m'attendaient au retour ! »

Le lendemain, le communiqué allemand annonçait :

« *Le sous-officier Bœhm, pour sa première sortie, a réussi à abattre deux avions ennemis allant en bombardement. Un troisième a réussi à échapper.* »

Le sous-officier devenait bientôt lieutenant et recevait trois décorations, dont la croix de fer de première classe, décernées à la suite de cet exploit. Le 27 janvier 1916, Bœhm prenait son vol aux environs d'Ebersheim, en Haute-Alsace, son moteur s'arrêtait, l'avion s'effondrait, et le pilote se tuait sur le coup.

D... et P... étaient vengés.

## TRAVERSÉ PAR
## UNE BALLE

Lorsque la guerre éclata, le sous-lieutenant P... était attaché à une escadrille de Maurice Farman cantonnée à Nancy.

Dès le 31 juillet 1914, il était envoyé en reconnaissance le long de la frontière, mais avec l'ordre de ne pas en approcher à plus d'un kilomètre. Cette mesure ne l'empêchait pas de constater les travaux de défense qu'effectuaient les Allemands près de Metz, du côté de Delme et au sud de Château-Salins. Tandis que l'on croyait encore en France que la guerre n'éclaterait pas, les provocateurs prenaient déjà leurs précautions.

Le 7 août 1914, P... était à deux doigts d'être fait prisonnier. Pendant une reconnaissance, la pluie, l'orage et la brume se coalisaient contre lui entre Sarrebourg et Saverne. Perdu dans l'espace, il allait, confiant dans sa boussole mais celle-ci, affolée, n'était que d'un piètre secours. Soudain, il se retrouvait, sans le savoir, à deux

cents mètres au-dessus d'Avricourt et à dix kilomètres de son pays natal.

Il opérait en Lorraine jusqu'au 20 septembre.
Il assistait, la mort dans l'âme et la rage au cœur,
à l'incendie de Gerbéviller, petite localité voisine
de Blamont, où il avait passé tant d'heureux
jours dans sa jeunesse. C'est lui et ses camarades
de la M-F-8 qui accomplissaient les premières
reconnaissances à longue portée sur des biplans,
modèle 1913, qui faisaient du 70 à l'heure de
moyenne. Pour pouvoir augmenter le rayon
d'action, les pilotes employaient des moyens
de fortune. De cette façon, ils pouvaient rester
cinq heures en l'air. Pour l'essence, les réservoirs
étaient assez vastes, mais non pour l'huile. P...,
avait adapté un bidon ordinaire avec une
conduite qui allait dans le carter. On voit combien
les procédés étaient précaires, antédiluviens. Et,
avec ça, ces hommes allaient derrière la Sarre,
en pleine province rhénane, sans autre armement
qu'un mousqueton. Fort heureusement, les Allemands, à cette époque, ignoraient la chasse et
ne possédaient que des appareils qui n'étaient
pas à craindre. La vue d'un des nôtres les faisait
fuir.

C'est l'unité à laquelle P... était affecté qui

travailla en liaison avec le 20ᵉ corps au moment de l'attaque de Nancy, si brillamment repoussée. Le pilote eut un jour, pendant une reconnaissance, son réservoir crevé par une balle. Mais il n'était qu'à une dizaine de kilomètres du front et il put revenir sans encombre, malgré l'intense feu de mousqueterie qui cherchait à l'atteindre.

Puis l'escadrille est envoyée dans le Nord, où elle devient vite célèbre par ses audacieux bombardements. L'altitude maximum adoptée ne doit pas dépasser 1.500 mètres, et lorsqu'on sait avec quel soin jaloux l'ennemi entoure de pièces spéciales les objectifs intéressants, on se rend compte du stoïcisme dont faisaient preuve les aviateurs, accomplissant leur travail au milieu d'un ouragan de mitraille. Presque chaque fois, ils rentraient avec leurs avions criblés d'éclats.

P... était parti un jour pour bombarder la gare de Cambrai ; arrivé sur la cible, il s'apercevait que son dispositif de lancement ne fonctionnait pas. Il était obligé de revenir sans avoir pu mener à bien sa mission. Tout à coup, un éclat d'obus crevait le réservoir. La situation était critique avec les bombes à bord, mais la Providence veillait encore ce jour-là sur le pilote, qui pouvait atterrir sans encombre. La chance devait le favoriser une autre fois : ayant remplacé son lance-obus par un autre, au maniement plus doux, lorsqu'il va décoller, l'une de ses bombes, qui pèse douze kilos, se déclanche, tombe sur le nez et n'éclate pas. Si, pour ce voyage, il était parti avec les projectiles de 90 qu'il avait fait remplacer au dernier moment par des bombes Aazen, il aurait été pulvérisé avec son passager.

L'un des plus beaux bombardements auxquels ait pris part P... avec l'escadrille M-F-8 fut celui de la gare de Saint-Quentin, le 15 avril 1915. Au cours de la journée, les pilotes lançaient quatorze obus sur cet objectif, six sur une batterie, six sur un quai de débarquement, deux sur une pièce contre avions, six sur des abris et campements. Or, les bombes jetées sur la gare de Saint-Quentin allumèrent un incendie qui dura dix-huit heures. Toute la nuit des explosions retentirent. Il ne resta rien du pétrole ni des munitions que les Allemands avaient amassés dans leurs entrepôts. Cette attaque splendide et d'une rare efficacité avait été accomplie à 1.000 mètres d'altitude, sous une fusillade inouïe. Ceux qui prétendent que les bombardements sont d'une contestable utilité n'ont qu'à méditer cet exemple.

Chaque jour, tous les pilotes de l'escadrille

allaient effectuer des attaques. S'ils n'étaient pas sûrs du résultat, ils y retournaient jusqu'à ce qu'ils eussent acquis la certitude d'avoir détruit l'objectif indiqué. Peu à peu, par les prisonniers, nous apprîmes l'étendue des ravages considérables causés par cette équipe de véritables corsaires de l'air.

Un renseignement arrive un matin : selon lui, tous les dimanches, à 5 heures, les officiers allemands du secteur se réunissent pour écouter, sur la place de Bapaume, la musique militaire. P... et ses collègues partent à 4 heures, arrivent sur la ville pendant la fête, lancent leurs bombes ; non seulement le concert est interrompu, non seulement de nombreux cadavres d'officiers jonchent le sol autour du kiosque, mais le village prend feu.

Comme endurance, la M-F-8 était également légendaire. Au moment des attaques d'Hébuterne, pendant trois semaines, de 3 heures du matin jusqu'à 8 heures du soir, avec sept avions, dont deux étaient tout le temps en l'air, elle assura le barrage pour empêcher les appareils ennemis de passer.

Le 19 juillet 1915, pendant une préparation d'artillerie, P... volait le matin trois heures, après le déjeuner trois heures et, à 5 heures, reprenait le départ pour l'attaque qui devait se produire à 6.

A 5 h. 30, alors qu'il arrivait au-dessus de l'ennemi, il aperçoit un avion ennemi qui se précipite contre lui. Le combat est aussitôt engagé. Au Maurice Farman est opposé un appareil de chasse, extrêmement rapide, qui se sert de sa vitesse et de sa mobilité pour échapper aux ripostes. Il va et vient sans cesse, tirant à chaque passage, une bande de mitrailleuse de 49 cartouches. Le passager de P..., un lieutenant, riposte par des salves de 25. A un moment, alors que celui-ci, debout dans la nacelle, change sa bande, une balle lancée par l'oiseau ennemi arrive par devant et traverse successivement le capot du moteur, le porte-carte, le pilote, la cuisse de l'observateur et l'hélice près du moyeu, pour ressortir ensuite.

Le sous-lieutenant P... est atteint au côté gauche, à deux centimètres au-dessous de la pointe du cœur. Le choc est terrible et l'aviateur se croit touché au ventre. Sur le moment, il a un étourdissement léger et rapide, a juste le temps de couper son moteur, mais reprend ses sens presque aussitôt, remet le contact, a la présence d'esprit de virer pour essayer de rentrer. Pour échapper à l'allemand, qui cherche à le prendre de flanc, et continue à tirer, il pique le plus qu'il peut, afin d'augmenter sa vitesse.

Le passager, qui, sous le coup, a été aplati sur son siège, crie :

« J'ai la cuisse traversée ! J'ai la cuisse traversée ! »

Mais P... ne répond pas. Il craint une hémorragie interne et est hanté par cette idée. Ce n'est qu'après avoir franchi les lignes, à moins de 700 mètres d'ailleurs, sous le feu terrestre heureusement inefficace, qu'il se décide à dire :

« J'ai une balle dans le ventre, fais attention si je tourne de l'œil ».

Tous deux perdent leur sang en abondance. La nacelle et le capot sont baignés de caillots de sang. A mesure que le temps passe, le pilote sent ses forces l'abandonner, mais il n'a pas fini avec ces tracas : il faut atterrir maintenant. Il cherche derrière nos batteries un terrain praticable, ne pouvant espérer regagner son port d'atterrissage. Il en découvre un tout petit, entouré de blés, creusé de trous d'obus : mais il n'a pas le choix. Il décide d'aller s'y poser. Il trouve encore en lui l'énergie d'effectuer quelques spirales pour étudier l'endroit le plus favorable et vient atterrir d'une façon impeccable, tandis que l'antenne de T.S.F. fixée sur l'appareil traîne derrière, atteinte elle aussi.

Soulagement d'être à terre, mais l'inquiètude reprend. P..., qui a toujours peur de l'hémorragie interne, se demande s'il va descendre tout seul — il est bien faible pour le tenter — ou s'il attendra qu'on vienne le chercher — c'est risquer d'être encore plus détérioré, se dit-il. Et il préfère sortir de son appareil sans le secours de quiconque. Il y parvient non sans peine et va s'étendre sous l'avion, où se trouve déjà son camarade. De nouveau leur sang se mélange. On vient les chercher, on les emmène dans une ambulance où l'on ouvre à l'un le côté, à l'autre la cuisse, puis on les transporte dans un hôpital d'Amiens.

Après deux mois et demi de soins, P... qui a reçu la Légion d'honneur, demandait à piloter à l'avenir un avion de chasse pour se venger. Il a repris sa place au front et n'attend que l'occasion favorable pour faire payer cher à l'ennemi les méfaits d'une balle vraiment perforante.

Au début de la guerre cet aviateur était maréchal des logis. Successivement il est devenu adjudant, puis sous-lieutenant et s'est vu attribuer la médaille militaire, la Légion d'honneur, et sept citations à l'ordre de l'armée. Pour pouvoir porter toutes les palmes sur le ruban, il en a choisi de petites qui tiennent à deux sur chaque rangée. Il y a encore de la place : avant peu elle sera occupée.

Ce héros se nomme Hector V... Ancien enfant de troupe, il est le frère du capitaine V..., qui s'attribua la victoire dans le second prix de l'Aéro-cible et qui, à la guerre, s'est révélé comme un « fabricant de pilotes », peut-on dire, remarquable. Affecté à une grande école, chaque mois, grâce à son système d'éducation parfait, il déverse dans les réserves de l'aviation un nombre imposant de brevetés.

Qu'un pilote de chasse reçoive de nombreuses citations, le fait, en restant relativement peu fréquent, n'a rien qui puisse étonner. Les toréadors de l'air du matin au soir sont à l'affût. Ils cherchent le Boche. Leurs appareils sont rapides, bien armés, maniables. Ils attaquent et peuvent se défendre. Mais le cas de V... est, semble-t-il, exceptionnel. C'est avec un biplan de reconnaissance qu'il a obtenu toutes ses récompenses. Et si ces engins atteignent maintenant des vitesses imposantes, il faut se souvenir que depuis le début de la guerre ils sont passés, suivant les progrès de la marque de 85 à 100 à l'heure, de 100 à 115 et de 115 à 125.

J'ai eu l'honneur d'être affecté à l'escadrille de V... au début de la campagne. Elle était d'ailleurs une pépinière de héros : le principal rival de celui qui nous occupe était le sous-lieutenant Q... qui portait les mêmes récompenses, mais avec trois palmes de moins. Ces deux pilotes semblaient échappés des *Trois Mousquetaires* : Porthos et d'Artagnan. La guerre, pour eux, était un sport. Une émulation amicale entre eux deux leur fit accomplir des prouesses qui restent légendaires au front. Tous deux, aussi endurants, ignoraient la fatigue et la défaillance. Tous deux, aussi vaillants, recherchaient le danger et, grâce à leur valeur, en triomphaient dans chaque occasion.

Ils poussaient le courage jusqu'à la témérité, mais une témérité qui se traduisait toujours par des résultats qu'on n'osait espérer.

Nous nous contenterons d'indiquer dans quelles conditions V... obtint ses diverses récompenses. La première citation avait pour objet le bombardement de Metz. Dans la nuit de Noël, un zeppelin était venu bombarder Nancy vers 5 heures 30 du matin. A la faveur d'une brume intense, le sinistre visiteur nous avait envoyé quatorze bombes qui n'avaient causé que deux morts et fait quelques dommages matériels : maisons abîmées, vitraux de la cathédrale brisés (ils avaient été offerts par l'empereur d'Autriche), rails de tramway endommagés. Le réveil avait été brutal. Il fallait en tirer aussitôt vengeance.

L'après-midi — c'était le 26 décembre — trois pilotes de l'escadrille M-F-5 : V..., P... et L..., ainsi que le maréchal des logis V..., de la M-S-31 partaient bombarder Metz à midi 30. Les trois premiers étaient seuls à bord. Ils se présentaient au-dessus de la ville par le Sud, faisaient une boucle sur le hangar à zeppelin et déclanchaient leurs obus. L'éclatement de tous les projectiles était constaté, sans qu'il soit possible de voir si le hangar avait été atteint. Outre leurs bombes

11.

— chacun en avait emporté quatre — les pilotes avaient des fléchettes à bord : V... et P... 2.000, L... 1.000. Ces derniers les lançaient sur le terrain d'aviation de Metz ; mais V..., au cours de son circuit sur la ville avant de se rendre au-dessus de l'objectif, avait aperçu une foule d'uniformes sur la grande place. Il supposait qu'il y avait musique militaire et pensait qu'il était urgent de mettre un point d'orgue à ces flots d'harmonie.

Il allait d'abord remplir sa mission et, au retour, le petit point noir perdu dans les cieux, en passant au-dessus de la multitude repérée, tirait successivement les quatre fermoirs des boîtes qu'il avait fixées sur les bords de la carlingue, et c'était alors un déluge de dards d'acier qui venait brusquement interrompre le concert.

Les deux morts de Nancy étaient bien vengés : à quelques jours de là nous apprenions, en effet, que cette attaque avait causé 300 victimes !

Ce bombardement de Metz, le troisième depuis le début de la guerre (1) avait été opéré avec un réel sang-froid, malgré le tir incessant de l'artil-

---

(1) Les deux précédents avaient été accomplis au mois d'août 1914 : le premier par le caporal F..., le second par le lieutenant C..., et le caporal P...

lerie ennemie, et les pilotes n'avaient pas craint de revenir sur l'objectif pour observer l'effet de leurs obus.

Ils étaient cités à l'ordre du jour de l'armée. Ce fut la première citation de V...

La seconde récompensa l'un des exploits les plus impressionnants de la guerre aérienne. Depuis longtemps déjà notre héros voulait établir le record des bombardements dans la même journée : il lui semblait intéressant de voir ce qu'un pilote hardi pouvait arriver à faire comme ravages.

Le 14 avril, il prenait le départ, mais le mauvais temps survenait après le second voyage, et il devait abandonner et remettre sa tentative à un autre jour. Le lendemain, l'état atmosphérique n'était pas très favorable. Le temps était légèrement brumeux, les nuages bas, mais le vent presque nul. V... jugeait que l'occasion tant espérée se présentait et, à 6 heures 1/2, s'envolait pour le premier voyage. Dans sa journée, il effectuait huit bombardements se répartissant de la façon suivante:

| | | |
|---|---|---|
| 12 obus de 90 | 8.000 fléchettes | sur des obusiers à Norroy. |
| 8 — | 4.000 — | sur Thiaucourt. |
| 4 — | 2.000 — | sur Pagny-sur-Moselle. |
| 4 — | 2.000 — | sur Chambley. |
| 4 — | 2.000 — | sur Pannes. |

Soit 32 obus de 90 et 18.000 fléchettes.

Le héros lançant dans chacun de ses raids 2.000 fléchettes (sauf pour Norroy où il en emporta deux fois 3.000) on se rend compte que par trois fois il retourna sur l'objectif des obusiers de Norroy et deux fois sur Thiaucourt. Or, à chaque nouvelle incursion le tir terrestre de l'ennemi devenait de plus en plus intense et menaçait d'atteindre le valeureux recordman qui, de là-haut, narguait les bouches à feu et faisait à lui seul en cette journée le travail de plus d'une escadrille. Il terminait sa ronde prodigieuse à 6 heures 30 du soir. Douze heures avaient été nécessaires pour les allées et venues et la remise en état de l'avion.

Quand on lui parle de cet exploit, il répond :

— Quel travail que celui des mécaniciens ! Dès que j'arrivais ils s'élançaient sur moi qui ne quittais même pas la carlingue. Ils faisaient le plein d'essence et d'huile, vérifiaient si je n'avais pas été trop « crapouillé », armaient et plaçaient les obus, changeaient les boîtes de fléchettes et je repartais. Pendant mon voyage, ils préparaient tout et allaient me chercher une tranche de viande froide, confectionnaient un sandwich que j'ingurgitais en attendant, à mon retour, que leur besogne fût finie. Les pauvres gens étaient fourbus et aucun ne songeait à se plaindre !

Rien n'était plus pittoresque que cette usine à munitions préparée sur le terrain : une montagne de boîtes de fléchettes, un amas d'obus, une pile de caisses d'essence et d'huile. Et dès l'atterissage, le grouillement de tous ces dévoués auxiliaires que sont les mécaniciens, toujours à la peine, jamais à l'honneur, préparant le nouveau départ. Mais de quel zèle ils étaient animés, ces braves gens, pour collaborer à l'audacieuse randonnée.

V... l'avait accomplie exactement comme une prouesse sportive, comme une course, mais quelle course macabre, au-dessus des batteries ennemies attachées à sa perte, au-dessus de points importants que ses bombes et ses fléchettes anéantissaient.

Et quel courage il fallut au pilote pour recommencer huit fois ces voyages périlleux, quelle endurance pour tenir douze heures sans quitter pour ainsi dire sa nacelle. A la seconde citation succédait bientôt, en récompense de ce record, la médaille militaire qui valait une troisième palme à son titulaire.

Le 19 septembre 1915, sur un biplan de reconnaissance de 80 chevaux, V... partait avec le lieutenant P... pour aller faire des observations sur Saint-Mihiel. En arrivant sur cette ville, ils rencontrent un Aviatik. Délibérément, ils se précipitent sur lui pour l'empêcher d'atteindre nos lignes. L'ennemi se dirige en effet vers Bar-le-Duc. Plus rapide, le Boche passe et va effectuer sa mission. Pendant ce temps, les Français prennent de la hauteur pour l'accueillir comme il convient au retour : le voici qui point à l'horizon. Il est à 1.500 mètres d'altitude, à 200 mètres au-dessus d'eux. Tant pis, les deux nôtres se mettent dans l'axe de sa marche et le mitrailleur commence à tirer verticalement. Après une trentaine de cartouches, une immense colonne de fumée se dégage du moteur, qui s'arrête presque aussitôt. L'Aviatik est touché, bien touché, et pique dans ses lignes tandis que le lieutenant P... continue à se servir de sa mitrailleuse. La poursuite se déroule fantastique, périlleuse ; les deux avions restent pour ainsi dire aile contre aile, le Français escortant l'Allemand qui tombe dans l'abîme. N'ayant plus de munitions pour sa mitrailleuse, l'officier qui accompagne V... prend son [mousqueton et couronne son succès. L'Aviatik s'écrase sur le terrain de manœuvres de la Haute-Breha. Mais si son sort était réglé, celui des Français devenait critique : leurs spirales serrées les avaient amenés à moins de 900 mètres au-dessus de Saint-Mihiel, et lorsque l'Allemand avait été abattu, un tir d'artillerie intense commençait à essayer de venger le vaincu. Par miracle, le biplan échappait à la coalition des pièces spéciales, mais recevait diverses atteintes, et rentrait avec des nervures cassées, un longeron coupé et la poutre de réunion brisée.

V... reçut en cette circonstance sa quatrième palme.

Le mois suivant, il allait effectuer une reconnaissance photographique avec le lieutenant H... Soudain, il se voit attaqué par deux Aviatiks auxquels aussitôt deux autres viennent se joindre. La mission était déjà commencée au moment de la première attaque. Bien entendu, arrêt pour s'occuper de ces messieurs. Echange de quelques cartouches ; les ennemis, peu audacieux n'insistent que pour la forme et se retirent lorsqu'ils constatent que le Français est armé d'une façon redoutable. Quelques minutes se passent, et deux nouveaux Aviatiks, sans doute pris de remords, reviennent à la charge. Cette fois, le combat est plus opiniâtre et les Allemands attaquent courageusement. Mais devant la riposte du lieutenant H... ils finissent par abandonner la lutte. Le champ reste libre. Que fait V...? Il rentre avec son avion blessé ? Pas du tout, il continue sa mission et ne revient que lorsque l'officier a terminé sa besogne photographique.

Au retour on constatait que le biplan avait un guignol du stabilisateur arrière coupé, des haubans sectionnés, des nervures traversées, le bord d'attaque de la queue cassé. Par miracle, il avait pu ramener son équipage au port d'atterrissage.

Tel est l'exploit qui valut à V..., la croix de chevalier de la Légion d'honneur et une cinquième palme.

On se souvient du bombardement du quartier général du kronprinz : 29 avions y prirent part, qui jetèrent 194 obus, et 2.500 fléchettes. Dès le passage des lignes, les bombardiers étaient canonnés avec une violence rare et, en arrivant aux environs de l'objectif convoité, les multiples pièces spéciales destinées à protéger le fils de Guillaume II précipitaient vers les nues une cascade de fonte, de flammes et de fumée. En cours de route, V..., qui était accompagné de son mécanicien M..., recevait un éclat d'obus qui coupait un plan rabattant de son avion. La situation était infiniment dangereuse. N'était-il pas plus sage de faire demi-tour et d'essayer de rentrer ? L'idée n'effleura même pas le cerveau de notre héros. Il se contenta de continuer sa mission, voulant, s'il ne pouvait échapper à la mort, avoir au moins la satisfaction de faire des ravages auparavant. Et il se trouva quelques instants plus tard sur l'objectif ; là, sans se préoccuper le moins du monde de l'état de son appareil, il met à la descente pour obtenir un tir plus précis. Son passager déclanche les bombes. Elles se hâtent vers le sol, et le pilote S..., tué depuis, qui se trouve non loin de l'avion de V... les voit exactement éclater au but, en plein dans le château visé. Le retour s'effectue avec difficulté, mais, comme s'il était conscient du beau travail accompli, le pauvre oiseau mortellement blessé a un dernier sursaut d'énergie et ramène à l'aérodrome son vaillant équipage.

C'est le 17 janvier 1916, que V... fut pour la première fois aux prises avec un Fokker. Il faillit succomber. Le combat s'engagea à 3.500 mètres. Le lieutenant M..., mitrailleur, vit son arme s'enrayer au bout d'une centaine de cartouches, et l'ennemi était toujours là, continuant son tir avec une inquiétante abondance. Il faut échapper, mais l'avion de chasse est plus rapide que le biplan de reconnaissance. Comment faire ? Au risque, sous la pression de l'air, de faire céder les ailes, V... pique à toute allure, mais le Fokker, plus maniable, le suit dans cette chute vertigineuse mitraillant d'une façon incessante. Heureusement, voici les lignes. V... les franchit avec allégresse et constate avec joie qu'avant de les atteindre, le Fokker s'empresse de faire demi-tour sans essayer davantage d'abattre le Français qui semblait pourtant à sa merci,

Une autre fois, V...; opérait une reconnaissance avec le lieutenant de M... Deux Aviatiks de chasse survenaient tout à coup, selon une tactique assez redoutable : l'un au-dessus en avant, l'autre en-dessous en arrière, de telle sorte que la riposte était très difficile et l'attaque relativement aisée. Le lieutenant de M...; ouvre le feu sur l'avion le plus rapproché, mais aussitôt des deux assaillants part une rafale infernale.. Au bout de quelques instants, le mitrailleur français reçoit une balle sous l'omoplate. Elle traverse le haut du poumon et sort par le bras gauche. Une autre fait voler en éclats le pare-brise du pilote, et V... la sent siffler à son oreille. Par miracle, il n'est pas atteint.

La situation devient tragique : le lieutenant de M... s'effondre. Croyant à un malaise passager, V... le secoue pour le ranimer, mais vainement. Le feu des agresseurs se rapproche, devient plus dangereux. Les balles se croisent. La mort attend le moment favorable pour accomplir son œuvre. Dans l'impossibilité de riposter, V...; dont le mitrailleur gît au fond de la carlingue, n'a qu'une chance d'échapper : à plein moteur, il pique de 3.200 mètres vers les lignes qu'il passe à 1.000 mètres. L'audace de sa manœuvre donne à réfléchir aux Boches qui n'osent le suivre dans une semblable descente. Il les distance aisément et rentre sans incident avec son compagnon blessé.

Ce combat homérique fut l'occasion de la sixième citation de V...

C'est le 8 mars 1916, au cours de la bataille de Verdun, que la septième suivit. Le sous-lieutenant pilote accomplissait une reconnaissance, avec l'aspirant F..., lorsqu'il apercevait deux Fokkers s'élevant de leur terrain. Deux Fokkers ! Assaillants redoutables, combattants auxquels les biplans de reconnaissance aiment peu livrer des duels aériens ! V... prétend qu'ils ne sont pas plus à craindre que les autres appareils, et comme il n'accepte pas d'agir contrairement à ses opinions, il décide de les attendre. Il continue donc sa mission sans la moindre appréhension. Son passager, prend force notes et renseignements, puis vérifie sa mitrailleuse. L'aviateur se contente d'effectuer des cercles serrés tout en observant les évolutions des deux ennemis dont l'un prend sa hauteur en allant vers Pont-à-Mousson, l'autre vers Vigneulles. Les voici maintenant prêts à entamer la lutte. Ils approchent de cet inconscient qui les attend et sera sans nul doute une proie facile à abattre. Ils renouvellent la tactique qui avait failli réussir aux deux Aviatiks du 23 janvier. L'un se place au-dessus, l'autre en dessous, tous deux se croisant. L'aspirant F... ne s'occupe que de celui du dessous. En effet, ce Fokker tirant dans l'hélice ne peut cabrer suffisamment pour atteindre avec efficacité l'avion français. La manœuvre de V... consiste, en conséquence, à garder toujours l'avantage de la hauteur sur lui.

Au bout de quelques coups de mitrailleuse, la victoire reste aux nôtres: le Fokker pique soudain, mortellement touché, à plein moteur, mais sans être dirigé. Il se met en vrille et se précipite vers le sol où il s'écrase. Le pilote avait certainement été tué dès les premières cartouches, à en juger par l'allure désordonnée de l'appareil.

L'autre Fokker, pourtant bien placé pour l'attaque, n'avait obtenu aucun résultat jusque-là, et lorsqu'il vit le sort que V... réservait à son camarade, il dut être saisi d'une forte émotion, car aussitôt, comme si une besogne plus pressée l'appelait vers d'autres lieux, il faisait demi-tour et faussait compagnie aux Français qui le poursuivaient pendant quelques instants pour épuiser leur provision de balles.

Telle est l'histoire véridique et merveilleuse des vingt premiers mois de guerre du lieutenant V... Ce qui en augmente la valeur, c'est que ce pilote a moissonné ses récompenses dans les missions les plus diverses et même les plus inattendues, la chasse n'étant pas la spécialité des appareils qu'il monte. Il a fait preuve d'une variété de qualités remarquable et a brillé aussi bien comme toréador de l'air que comme bombardier, régleur d'artillerie et aviateur de reconnaissance. Je crois que, dans son genre, il est le recordman des distinctions honorifiques. Nul n'en est plus digne.

## L'HÉROISME DANS
## LES FLAMMES

On peut voir exposé aux Invalides un des avions du capitaine M... : glorieuse relique qui porte quatre cents traces de balles et d'éclats d'obus.

Il est difficile de rappeler tous les vols émouvants du capitaine M... Je me contenterai de montrer par quelques exemples, l'endurance dont faisait preuve cet officier. Le 19 avril 1915, il croisait, pendant huit heures trente-cinq, sur la partie du front qu'il devait surveiller, et lançait à lui seul quatorze obus dans sa journée sur des batteries contre avions et sur un drachen. Le soir, quand il rentrait, on constatait que son appareil revenait avec douze nouveaux éclats. Car, à l'escadrille, on tenait une comptabilité exacte et rigoureuse des traces laissées par le feu ennemi.

Le 16 mai 1915, au cours d'une reconnaissance, le capitaine M... ne parvenait à réintégrer les lignes que grâce à une chance providentielle. Une poutre de son appareil avait été sectionnée à son attache avec le plan inférieur, les deux mâts correspondants avaient été complétement brisés et l'aile gauche ne s'était plus trouvée soutenue que par trois tendeurs. Ceux-ci avaient résisté, on ne sait comment et, grâce à eux, le pilote avait pu ramener l'avion blessé jusqu'à son aérodrome.

Tant de vaillance et de mépris du danger devaient fatalement se traduire par une catastrophe. On ne passe pas impunément pendant des mois et des mois les lignes à moins de mille mètres, on ne se livre pas à l'attaque d'un point défendu par des canons spéciaux, parfois à 500 et 600 mètres d'altitude, sans avoir la conviction d'y rester tôt ou tard. Le capitaine M... ne l'ignorait point ; il n'agissait pas ainsi par crânerie ou vaine gloriole, mais il préférait ne pas revenir un jour et être sûr de terminer sa carrière avec la joie du devoir accompli complètement.

Nous avons parlé, dans un précédent chapitre, du premier bombardement de la gare de Saint-Quentin, qui brûla pendant dix-huit heures. Le 25 mai, les mêmes pilotes y retournaient pour recommencer. En arrivant sur l'objectif, les appareils les plus élevés étaient à 1.500 mètres et se préparaient à descendre encore pour mieux assurer leur tir. Le capitaine M..., lui, n'était qu'à 600 mètres. Le point visé n'était pas défendu par des autos-canons, mais par des mitrailleuses qui, dès l'arrivée de l'escadrille avaient commencé à faire retentir leur « ta, ta, ta », d'une sinistre régularité. Soudain, l'appareil de l'officier est atteint : une commande est coupée net, le biplan perd de vitesse, s'engage sur une aile et s'effondre comme une pierre. Les pilotes qui opèrent leur attaque voient avec terreur l'avion de leur brave chef s'écraser contre les dernières maisons de Saint-Quentin. Tous reviennent désespérés, les larmes aux yeux et rapportent le récit dramatique de la fin de leur capitaine. Pour tous, il était certain que l'officier avait dû être tué sur le coup. Or, quelle n'était pas la joie de l'escadrille lorsque deux mois après, elle recevait des nouvelles du capitaine M... Il avait été blessé grièvement; mais commençait à se remettre, était très bien soigné, et sa guérison n'était plus qu'une question de temps. Depuis, une autre lettre, arrivait, provenant du camp où le prisonnier était interné et où il avait retrouvé, comme compagnons de captivité, d'autres aviateurs, les lieutenant P... M... et le sergent M... Les deux premiers d'ailleurs s'évadaient quelques mois plus tard et rentraient en France.

Au capitaine M... succéda à l'escadrille M-F-8 le capitaine S... Cet officier, formé à l'école de son prédécesseur, avait une rare conscience et une haute idée du devoir. Il tenait à être l'instructeur de tous ses pilotes et observateurs; il leur apprenait lui-même en quoi consistait la guerre aérienne. Il les emmenait, les accompagnait, et par son entrain, sa bravoure, donnait du courage aux moins confiants, insufflait l'héroïsme à ceux qui semblaient craintifs.

Le capitaine S..., prit part à toutes les expéditions de la M-F-8 ; il fut l'un des héros des bombardements de la gare de Saint-Quentin. Il sema la mitraille sur tous les points que le commandement indiquait et rentrait régulièrement avec des atteintes multiples dans son appareil.

En septembre, quelques jours avant l'attaque de Champagne, accompagné d'un jeune observateur, le lieutenant Le G..., il partait en reconnaissance. Au cours de sa randonnée, il aperçoit un Aviatik de chasse qui se précipite vers lui pour lui couper la retraite et engager le combat. Bien entendu, les Français n'essaient pas de refu-

ser la lutte, au contraire. Le lieutenant Le G...
actionne la mitrailleuse, tandis que le pilote
cherche à placer son peu maniable biplan dans la
position la plus favorable pour esquiver les balles.
L'Allemand commence à dérouler ses bandes. Ses
projectiles sont explosibles. L'un d'eux crève le
réservoir d'essence et enflamme le liquide.

L'avion prend feu. Le combat est terminé. C'est
la mort pour les Français. Heureux de son succès,
l'ennemi s'éloigne à tire-d'ailes pour porter la
bonne nouvelle à ses chefs. Pendant ce temps,
l'incendie gagne l'appareil de S... et de Le G...
Ce n'est plus un avion, c'est une torche dont les
flammes s'élèvent vers les cieux comme d'immenses bras dans un geste de douleur.

Que font alors les deux aviateurs pendant les
dernières secondes qui leur restent à vivre, malgré
le feu qui les entoure de toutes parts et les brûle
déjà cruellement ?

Tous deux sont occupés à une besogne admirable. Ils ont des documents importants à bord.
Au lieu de se laisser mourir sans s'occuper de ce qui
arrivera par la suite, ils songent à la patrie.

Leur geste suprême est pour la France. Ils se
partagent les précieux papiers et les déchirent en
petits morceaux. De nos tranchées les soldats

assistent à cette agonie. Et tandis que l'avion vient s'écraser, monceau de débris carbonisés, sur le sol ennemi, le vent pousse vers nous la plus grande partie des documents détruits par S... et Le G... au moment où la mort la plus affreuse les attirait à elle. C'est ainsi que fut connu cet acte d'héroïsme grandiose.

## LA LETTRE
### INTERROMPUE

Henry D... qui, avant les hostilités, avait fait de l'aviation seulement en amateur, devint rapidement un de nos meilleurs pilotes militaires. Il ignorait le danger et, comme notre ami commun Marc Pourpe, tombé au champ d'honneur, ne rentrait que sa mission accomplie, quel que fût le temps.

Pour montrer le caractère de l'homme et l'importance du travail qu'il effectua, j'extrairai quelques passages de ses lettres envoyées des Dardanelles.

*Camp de Ténédos,* 1<sup>er</sup> *juin.*

« J'ai quitté Alexandrie fin avril après y avoir passé trois semaines d'ennui, de désœuvrement et de noce imbécile, une noce de soldats lâchés dans une grande ville. J'ai été trimballé en mer pendant 15 jours, d'abord de Marseille à Alexandrie, du sept nœuds à l'heure. Là, on nous a parqués en rade, ci huit nouveaux jours de mer. Enfin, débarquement et départ pour le camp de Ramlet. Re-embarquement, re-huit jours de mer, re-station, en rade de Ténédos, nouveau débarquement, ci quinze nouveaux jours de mer. Et nous n'aurions pas le pied marin !

Notre camp est installé en face de celui des Anglais. Il comprend six hangars, un Bessonneau et notre petit campement fait de caisses et de tentes. J'habite pour ma part une des caisses de mon coucou que j'ai aménagée en une très confortable villa.

Nous sommes ici sept pilotes, plus le capitaine C..., le héros du bombardement de Frescati. Nous avons des Maurice Farman, 80 chevaux dont je suis toujours très satisfait. On vole ici par 25 et 30 mètres de vent, très régulier, il est vrai. L'escadrille comprend encore un nombreux personnel mécanicien, un parc important et un convoi de 125 mules landaises très amusantes. Nous avons chacun un cheval, mais aucune auto.

Notre camp est à quelque cent mètres de la mer et l'île est très pittoresque. La seule ville, Ténédos, un millier de Grecs, est à 12 kilomètres d'ici.

Notre travail le plus remarqué a été jusqu'ici

la photographie que nous avons fort bien réussie. Les Anglais ont beaucoup apprécié ce travail et commencent à s'y mettre. Je fais installer sur mon nouveau coucou, un cinéma aérien. Je dis « nouveau », car il faut que tu saches que les Turcs m'en ont déjà démoli un il y a cinq jours à l'atterrissage au cap Hellès. Deux obus en plein dans le mille, j'ai reçu quelques mottes de terre et des pierres dans la figure. Mon avion a été haché. Dommage que cela ne soit pas arrivé dix mètres plus haut, ça me valait une citation.

Je suis affecté à l'artillerie, mais je fais aussi des reconnaissances et des vols de surveillance en mer, en vedette avec les destroyers à la chasse des sous-marins. Voilà un sport passionnant. Je ne m'y ennuie pas une minute ; pendant des heures à cinquante ou cent mètres sur l'eau, on fouille la mer à la recherche du sillage révélateur qui va permettre d'envoyer par T.S.F. le signa d'accourir aux destroyers, et quand on en a un c'est la poursuite éperdue de quinze, vingt contre-torpilleurs qui cherchent à encercler le sous-marin qu'on voit hélas ! s'enfoncer peu à peu et disparaître.

Deux fois déjà j'ai pris part à une de ces poursuites, fatales chaque fois à un cuirassé anglais.

La première fois, le jour du torpillage du *Switshire*, manqué et du *Triumph*, coulé; la seconde, le matin du torpillage du *Majestic*, coulé sous mes yeux, en pleine rade, au milieu de vingt navires. Nous avons trouvé et perdu deux fois le sous-marin ce jour-là. Par une feinte, il entrait dans les détroits avant de filer vers son port d'attache. Dédéagatch, chez les Bulgares... C'est le spectacle le plus affreux que j'aie jamais vu que cet engloutissement en quelques minutes, (cinq pour le *Majestic*), de ces énormes bateaux. Et c'est si rapide, si bref, qu'on voit à peine le drame. Un périscope qui émerge au bout d'un sillage, on ne sait pas encore si c'est français, anglais ou turc, lorsque voilà déjà une gerbe d'eau à cinq cents mètres contre le cuirassé, qui oscille et s'enfonce en se retournant tout d'un coup, la quille en l'air, et c'est fini. Des grappes hurlantes se débattent, s'accrochent à des débris dans une mer couverte de graisse et d'huile. En cinq minutes, il ne reste plus d'un cuirassé de 18.000 tonnes qu'une pointe de coque effilée qui s'enfonce peu à peu... Je suis allé jeter une gerbe de fleurs sur l'épave du *Majestic*, en prenant une photographie avec un capitaine anglais comme observateur.

Le général commandant l'artillerie et l'amiral

se trouvaient tous deux à bord du *Majestic*. Ils sont sauvés. Nos sous-marins ont déjà essayé de venger ces trois cuirassés et y ont réussi en partie. Ils ont coulé en Marmara, en face de Constantinople, trois navires turcs. C'est un commencement de compensation.

Nous ne voyons plus d'avions turcs depuis notre arrivée ici. Ils se terrent et alors qu'ils étaient tous les jours sur la flotte, on ne les voit plus maintenant.

La guerre a pris ici sur mer et sur terre, un aspect de sauvagerie qui contraste étrangement avec le cadre merveilleux de ce ciel bleu et de cette mer tranquille. Les Turcs martyrisent tous ceux qu'ils prennent, pendent les officiers, tuent les parlementaires et les infirmiers et se conduisent en vrais Boches. Avant-hier, ils ont fusillé six parlementaires dont ils avaient autorisé l'envoi pour s'entendre au sujet de l'ensevelissement des morts d'une attaque de nuit.

Notre situation qui n'est pas encore très brillante s'améliore; nous avons besoin de beaucoup de monde, car nous avons devant nous 150.000 Turcs bien armés, de la bonne artillerie et un terrain se défendant tout seul. Le Karavesdéré et le pic d'Aschi-Baba sont en ce moment nos objectifs' et je te garantis qu'ils sont solides. De là-haut, toute cette partie de la presqu'île n'est qu'une énorme fourmilière travaillée, creusée, truquée. Le seul fait de tenir est pour nous un succès et nous avons été les 1er et 2 mai bien près d'être rejetés à la mer : les 75, à 800 mètres de la mer, tiraient à 1.700 mètres. Si les Turcs avaient poussé à fond, c'était la déroute.

C'est depuis mon arrivée ici, une fusillade ininterrompue, c'est la guerre de tranchées resserrée sur un front de 5 kilomètres sur 8, battu par les 120, les 155 et les pièces de marine que leur tir tendu empêche d'être bien efficace. Te fais-tu une idée de ce vacarme du matin au soir et du soir au matin, toi qui es cependant habitué aux durs bombardements et aux préparations d'artillerie ? Le cercle commence à s'élargir un peu, mais tous nos services d'arrière sont encore sous le feu des pièces turques, même des pièces de campagne, puisque la crête de Krithia, qui est aux mains de l'ennemi et forme à peu près notre ligne, est à 5 kilomètres 500 de la pointe du cap Hellès. Notre aérodrome est lui-même continuellement sous le feu; là-bas tout le monde vit dans la terre et on est plus en sécurité en l'air qu'à terre.

Ils ne sont du reste pas bien méchants pour

nous; à peine quelques batteries spéciales vers Krithia, Ashi-Baba et Noyara. Ils tirent fort mal et ne nous gênent guère. Aussi allons-nous toujours chez eux entre 12 et 1.600 mètres : 2.000 est une précaution tout juste bonne à prendre froid.

J'oubliais de te dire que nous avons 35 kilomètres de mer à traverser pour aller du camp de Ténédos à Gallipoli, ou plutôt au cap Hellès. Et ce n'est pas une des moindres bizarreries de cette guerre que le contraste de notre calme petit coin, si paisible qu'on y entend à peine le canon, et de cette fournaise où ne cessent le grondement des grosses pièces, le crépitement de la fusillade et les mille bruits de la guerre, de leur activité, du mouvement incessant du port et du camp. Le retour ici, c'est déjà un repos et le spectacle est si beau le soir, au coucher du soleil, de ces îles dorées par les derniers rayons du soleil qui s'enfonce dans la mer ! C'est une de nos distractions, nous ne nous en lassons pas. Il est vrai qu'on en a si peu ici à mener cette vie de Robinson. Songe donc, mon vieux, que je n'ai pas vu, mais simplement vu de mes yeux une femme, si laide soit-elle, depuis près de six semaines. En France, au moins, si elles n'étaient pas toujours jolies, on en voyait tout de même, ici rien. A ça comme à tous les autres regrets, il faut répondre « c'est la guerre », et ça devient un peu la barbe !

Connais-tu les détails du premier débarquement des Australiens à Sebdul-Bahr ? Le coup du cheval de Troie : un grand paquebot, *le River Clyde*, percé de portes à hauteur de sa ligne de flottaison, lancé à la côte à toute vapeur et les hommes sautant à terre dès le bateau au plein. Le malheur est qu'en s'échouant, il avait touché trop tôt et que les quelques 50 mètres de mer qui restaient à parcourir furent balayés à coups de mitrailleuses par les Turcs. »

3 *Juillet.*

« La guerre se traîne toujours bien lentement ici ; nous en sommes réduits à la guerre de tranchées exactement comme en France, grenades et gaz asphyxiants. Nous avons eu ces jours-ci quelques succès qui ont rendu aux troupes leur belle confiance. Nous progressons indéniablement ; mais si lentement qu'il n'est même plus question de notre véritable objectif qui est le massif monticuleux dominant les forts du front de mer. Nous avons, dit-on, l'ascendant moral, mais les

Turcs gardent par contre de solides positions que nous ébréchons avec peine. Nous venons de perdre le général Gouraud, blessé avant-hier et évacué. C'est grand dommage pour nous, car il avait donné du mordant à nos troupes dont les attaques se resserraient tous les jours et il avait la grande confiance. Il a été blessé grièvement, projeté contre un mur par un obus dans la cour du quartier général : il a une épaule et un bras brisés et diverses contusions. C'est le général Bailloud qui prend provisoirement le commandement du Corps Expéditionnaire avec Lord Hamilton.

Je pense que nous aurons auprès du nouveau chef la même cote qu'auprès du général Gouraud qui a été très encourageant pour l'aviation.

Le 21 juin, il citait en bloc l'escadrille à l'ordre du jour pour la part qu'elle avait prise à l'attaque de Karaves-Déré. Les six pilotes avaient fourni près de soixante heures de vol. J'en ai fait plus de neuf pour ma part et j'étais crevé ! J'ai été l'objet d'une citation la semaine dernière et suis proposé pour sous-lieutenant. Je me suis mis à faire des bombardements avec les bombes anglaises de 75 kilos ; j'en emporte deux et ça fait merveille. Je vais lâcher ça de nuit chez ces bons Turcs qui ont gardé la fâcheuse habitude d'éclairer les villes et les campements. Il y a huit jours, à six, sur le coup de minuit, nous sommes allés attaquer le quartier général turc au Seghou-Déré avec une moyenne de 80 kilos de projectiles par appareil.

Le retour en mer était superbe. J'étais monté assez haut et tandis que je descendais sur l'île, je voyais les signaux électriques de mes camarades plus bas que moi et l'ombre à peine perceptible de leurs ailes. Quand les Anglais ont vu que nous faisions des sorties en bande, ils s'y sont mis aussi et nous devons faire incessamment une grande promenade nocturne avec eux. Une vingtaine de coucous au moins, car nous sommes maintenant 14 pilotes français dont 11 sur Farman et 3 sur Morane-Saulnier parasol.

Notre existence est devenue plus monotone du fait que nous ne descendons plus que rarement au cap Hellès où nos coucous attiraient le feu turc. Ce matin, j'ai dû descendre en panne sur l'île aux Lapins, rocher caillouteux d'une centaine de mètres planté en plein milieu de notre trajet vers Gallipoli. J'y ai rapidement réparé, mangé deux œufs servi par la femme d'un des rares habitants de ce triste séjour et je suis rentré ici.

Nous avons maintenant 35° de chaleur à l'ombre. C'est délicieux et, n'était le voisinage de la mer, on serait déjà crevé. Je compte passer encore au moins deux mois ici, mais je crois bien rentrer en France vers septembre ou octobre au plus tard, car je ne tiens pas du tout à laisser blanchir mes os sur la terre de Ténédos ou de Gallipoli ».

6 Juillet.

« Nous avons eu avant hier soir un accident assez sérieux et depuis longtemps prévu. Quelques-uns de mes camarades avaient monté sur leur appareil les lance-bombes spéciaux, pour obus de 90. Les projectiles sont fixés deux par deux horizontalement sous la nacelle au moyen de câbles et de crochets. Depuis le premier essai, chacun avait des ennuis, et rentrait avec des bombes à demi décrochées ou en perdaient en route.

Avant-hier, l'un d'eux rentrait avec deux obus pris dans les fils de patinage et deux autres demi-décrochés pendant en équilibre. Dans la crainte de tout faire sauter au sol, il se pose sur la mer et s'en tire, mais les mécaniciens n'eurent pas la même chance. Envoyés de nuit, ils ont fait exploser les bombes en essayant de les retirer pour sauver l'appareil. L'un est mort en quelques heures, deux autres sont très gravement atteints.

Depuis deux ou trois jours, les avions boches se montrent timidement et essaient quelques petits bombardements que nous avons vengés hier en bloc.

Escortés par des Morane-Saulnier et deux Sopwith, nous sommes allés à seize avions, dont quatre anglais, à 6 heures, bombarder le camp d'aviation de Tchanak. L'un des anglais, un B.E., réussit à placer deux bombes de 75 kilos juste au milieu du plus grand hangar qui prit feu aussitôt.

Le 4, un sous-marin turc que nous avions tous signalé la veille dans nos eaux est venu couler le *Carthage*, trop tard du reste, car on venait d'en débarquer 1.500 hommes, et 40.000 obus de tous calibres. J'étais en l'air à ce moment-là, à l'heure fraîche, midi ! et cela à été si vite fait que je n'ai guère vu que le bouillonnement de l'eau et le grouillement des hommes au milieu des débris de toute sorte qui marquaient la place du navire. Deux jours avant le *Carthage*, emportait le général Gouraud à Levandi. Il n'y a que fort peu de morts heureusement et la perte est de peu d'importance.

On parle de plus en plus d'une action en Asie et je pense que ce sera pour ce mois-ci, mais je crains fort que nous ne trouvions les Turcs fort bien préparés, et mes promenades sur la côte me font croire qu'ils nous y attendent très tranquillement dans leurs excellentes tranchées.

L'escadrille anglaise est commandée ici par le commandant Samson qui a déjà accompli de merveilleuses prouesses en Europe. Il a avec lui le lieutenant M... qui a fait plusieurs grands raids anglais sur les villes allemandes. Ils projettent d'importantes expéditions ».

18 *Juillet*.

« Notre guerre prend peu à peu le caractère qu'elle avait au début. On ne voit plus anéantir de cuirassés, on ne verra plus l'assaut de Khoum-Khalé, où un régiment de coloniaux a tenu toute une nuit en échec une division turque, c'est la guerre de tranchées, de combats continuels sans envergure que nous subissons. Plus rien de saillant. C'est le roulement incessant de la canonnade qu'on ne perçoit même; plus tant elle est habituelle. Aucun changement depuis deux mois et peu d'espoir d'en voir. Depuis notre bombardement du camp de Tchanak, nous n'avons plus vu d'avions boches ; la leçon a servi et les dégâts ont dû être sérieux.

Il paraît que les Turcs vont nous rendre la pareille en nous bombardant d'Asie avec une grosse pièce de marine. J'ai vu les travaux d'installation, mais je doute du résultat et même de l'intention. Il y a exactement 18 kilomètres d'ici au point le plus rapproché de la côte turque en face de la ville de Ténédos.

A l'escadrille, à part les pilotes de bombardement, nous en sommes encore à attendre notre première casse après seize cents heures de vol. A cent de moyenne, cela fait un joli total. Nos seules pertes en appareils, avant l'arrivée des bombardiers étaient de deux avions perdus en mer : le pilote du premier avait calé son moteur et manqué le terrain, le second avait eu une panne. Outre ces deux-là, deux biplans sérieusement mis à mal par les canons turcs, celui du capitaine et le mien.

Je fais beaucoup de vols de nuit, mais ceux-ci ne donnent pas lieu à des rapports à sensation. N'importe, ils m'auront valu les plus beaux souvenirs de ma vie de pilote, la Marmara et l'Egée au clair de lune avec toutes les côtes de Bulgarie jusqu'en Syrie, voilà un spectacle que peu se seront offerts sur le coup de minuit.

Ce n'est pas aussi dangereux qu'on pourrait le croire; panne à part, je préfère voler en mer que sur terre. On ne peut pas se perdre, les îles les plus éloignées comme Lemnos et Samothrace se distinguent parfaitement, et certains soirs le mont Athos lui-même découpe sa silhouette pointue à l'horizon. Ténédos, c'est une tache noire que ses deux phares marquent sans erreur possible et je craindrais bien davantage de manquer l'aérodrome de Buc que de rater notre île en pleine mer...

Imagine-toi qu'un de nos camarades anglais a eu une crise de folie en l'air. Il nous a procuré un spectacle inouï dont aucun meeting ne peut donner une idée : il a passé sous l'antenne de T. S. F., a touché le sol derrière les hangars pour bondir par-dessus et a, enfin, atterri sans grand dommage pour son appareil. On l'a aussitôt enfermé. Le passager, dont c'était le baptême de l'air, en bavait un peu.

Je me suis fait couper les cheveux à la tondeuse. J'ai l'air, ce matin, d'attendre mon petit verre de rhum et ma dernière cigarette. Je pense bien en fumer beaucoup encore tout de même et en ta compagnie, dès mon retour... »

3 *Août*.

« J'ai fait, en juillet, quatre-vingts heures de vol sur l'ennemi. J'ai consommé en deux mois et demi 5.300 litres d'essence, 550 litres d'huile et deux pneumatiques. Mon hélice a ses deux cents heures de vol et un éclat incrusté. Tu vois, je deviens statisticien.

Figure-toi que les Turcs ont eu l'audace de venir nous bombarder ici, il y a trois jours, sur le coup de 4 heures du matin. Je dormais du sommeil du juste (à moins que ce ne soit celui de la brute) quand une détonation me tirait de ma caisse: un hydravion nous attaquait, quatre bombes tombaient sans dommage le long des hangars anglais. Le lieutenant M... bondissait à la poursuite de l'insolent, gagnait de la hauteur en quelques minutes, et la chasse commençait. Rejoint à Erenkeui, l'hydro mitraillé piquait à la mer et s'en tirait avec son passager blessé. Nous avons appris ce matin que celui-ci était mort depuis.

Le soir même, notre caravane partait pour la riposte : dix avions, munis de 155, de bombes anglaises et de 90, allaient bombarder méticuleusement tous les bâtiments susceptibles d'abriter l'appareil, mais l'oiseau était loin et je l'ai revu ce matin. D..., un de mes camarades, mettait en plein dans le mille de 2.800 mètres, et moi je ratais mon coup de 900 mètres, une paille ! Nous remettrons ça ce soir, et j'ai repéré, cette fois, l'abri de façon sûre, grâce à la trace des flotteurs traînés sur le sable et très visibles.

Nous avons réussi quelques jolis bombardements ces temps derniers : notre meilleur tireur est D..., qui manque rarement son but, même à grande hauteur ; les fermes d'Ali bey et de Sulmian bey en portent les traces : toits éventrés, murs fumants.

Si les États-Majors qu'on y avait logésn'ont pas filé à temps, ils en auront pris un coup. En tout cas, ils pourront contempler maintenant de leurs lits, s'il en reste, le beau ciel d'Orient si cher à Farrère et à Loti, mais pas à moi.

Nous avons perdu, ces jours-ci, un sous-marin le *Mariotte* qui s'est enferré dans le filet à mines de Tchanak. L'équipage a été fait prisonnier sauf le commandant qui a tenu à couler avec son bâtiment. Les sous-marins anglais ont fait merveille en Marmara, coulant onze transports et canonnant même une gare après avoir détruit le contre-torpilleur qui la gardait : on dirait du Jules Verne.

J'ai fait la semaine dernière, une des sorties les plus intéressantes que j'aie effectuées ici. Je devais faire un réglage de tir avec la flotte sur des batteries d'Achi-Baba, qu'on pouvait prendre en enfilade de la mer. A 3 heures, je rejoignais le

*Suffren*, avec qui je devais opérer, et je commençais mon réglage par T. S. F. Pendant ce temps, un gros transport amenait le drachen qui s'élevait au-dessus d'un croiseur anglais pour régler par téléphone et signaux tandis que, un peu plus loin, un hydravion réglait par fusées un monitor dont les 370 tonnaient en rafales serrées. Pendant deux heures, ce fut un déluge d'obus sur les retranchements d'Achi-Baba ; on voyait voler poutrelles et pierres, les casemates recevaient en plein nos gros calibres, et j'avais là le spectacle d'un feu d'artifice sans pareil, réglé par les trois moyens les plus modernes. Le *Suffren* faisait feu de toute sa bordée et virait, tandis que nous reprenions la direction de la terre dès que les flammes des 305 nous annonçaient les départs, si longs à entendre qu'on voit presque toujours l'éclatement avant. Il est vrai qu'on tirait à une bonne quinzaine de kilomètres.

J'ai effectué, avant-hier, un très chic bombardement avec un camarade. Partis ensemble pour essayer de détruire l'hydro turc dans son nouveau refuge, nous avons trouvé en route un superbe convoi de ravitaillement, que nous avons eu l'idée de démolir : affolés de nous voir descendre sur eux, les convoyeurs se sont séparés et un groupe important s'est massé dans les lacets de la route d'Erenkeui, où j'ai eu la chance de lui lâcher, de huit cents mètres seulement, deux bombes anglaises. J'ai eu le plaisir de voir, un instant après, sauter une bonne partie des camions qui devaient être chargés de munitions pour les forts d'In-Tépé ou de l'intérieur. Pendant dix minutes, le convoi a disparu dans la poussière, la terre, la fumée, et, quand je suis parti, c'est à peine si les batteries m'ont salué. La tranquillité parfaite, à peine le claquement de quelques inoffensives balles mortes. Mon camarade n'avait pas perdu ses bombes non plus et il est venu achever mon ouvrage proprement. Ce raid nous a d'ailleurs valu, en guise de compliment, la réflexion suivante : « Ce n'est pas malin, de ces hauteurs ridicules, et on voit bien ce qu'ils cherchent! » Très encourageant !

Le canon recommence à tonner, le vent nous apporte le roulement assourdi et envoie les fumées s'étendre sur le cap Hellès. Ce sont les Turcs qui attaquent. Et on parlait hier d'armistice : les Turcs auraient hissé le drapeau blanc. Les Anglais vont leur répondre sérieusement et nos batteries pourront utiliser les réglages qui nous ont valu tant d'heures de vol.

A propos d'Anglais, on m'a raconté une anecdote sur leur premier débarquement : l'infanterie avait pris pied et nous n'avions encore à terre que deux petits canons de campagne anglais, quand on demande aux artilleurs de ces pièces de se mettre en batterie, afin de dégager un peu le terrain en avant, ce qu'ils se préparent à faire. Au moment de tirer, on cherche les munitions. Où est le caisson ? Pas de caisson. Mais après quelques recherches, un artilleur apporte une valise de cuir fort bien faite et compartimentée, contenant 20 obus. C'étaient les munitions : elles ne voyageaient pas autrement, dans ce temps-là, que des crosses de golf !

Ce soir, j'ai fait une belle promenade en Asie avec un capitaine d'État-Major. Cela me change un peu de nos réglages sur le Kerévès et de mes randonnées à Maïdos. Le pays est plus vert, plus frais, très montagneux avec quelques rivières ensablées et rocheuses. Retour par les détroits au coucher du soleil, spectacle merveilleux et toujours nouveau qui sera le seul bon souvenir de mon séjour ici. Un soleil rouge dans une brassée de nuages violets et toutes les graduations du mauve au bleu et au noir passant sur la mer où les îles découpent de fantastiques arabesques. C'est un décor inouï que je ne me lasse pas d'admirer, et je prolonge souvent mes sorties du soir pour m'offrir ce spectacle. Ce soir, on voyait Lemnos, Imbros et Samothrace avec tout au fond le mont Athos et au sud Mytilène, Lesbos, où nous aurions peut-être trouvé ce qui nous manque ici, les belles Grecques tant vantées.

Je m'aperçois que je t'écris longuement sans te donner beaucoup de tuyaux bien intéressants. C'est que notre vie ici est devenue très monotone. Le travail journalier n'est pas varié. Nous faisons la guerre en fonctionnaire. On y va chaque jour comme un employé à son bureau, et c'est devenu tout aussi régulier, tout aussi dépourvu d'imprévu ; l'avion a remplacé le train de ceinture, voilà tout, et il nous ramène tout aussi fidèlement, chaque soir, en banlieue du champ de bataille, notre lugubre banlieue de Ténédos .»

*7 Août.*

« J'ai été très proprement descendu hier soir vers 7 heures 30 par un obus turc, alors que je faisais une tranquille promenade chez eux. J'étais parti de Ténédos un peu avant six heures en compagnie d'un capitaine de l'État-Major du C. E. O. qui voulait visiter la côte asiatique et l'intérieur des terres d'Asie-Mineure vers Eyzine. Je faisais route tout à mon aise sur ce dernier patelin, quand un claquement sec me tire de ma quiétude. On nous canonne de près et je suis touché. Je me retourne et, avant que j'aie eu le temps de dire un mot, un bruit affreux de ferrailles, un craquement abominable me fixe sur ce qui vient d'arriver : carter crevé, salade de bielles, de vilebrequin, etc... L'appareil brusquement chahuté se rétablit et je me retrouve à plat, l'hélice en bandoulière, à 1.800 mètres de haut chez les Turcs.

Le capitaine me demande ce que je vais faire. Nous avons vent debout pour rentrer, et la côte est bien à 6 kilomètres. Je me crois fichu et je descends vers la mer en perdant le moins de hauteur possible. Il est entendu qu'on va tâcher de gagner la plage ou la mer et qu'on avisera. Ça va mal d'abord, mais arrivé à 1.200 mètres, je tombe dans un courant de vent favorable. En quelques secondes, je sens que ça change. On prend de la vitesse. Je me mets à plat et l'avion s'en va vers la mer que nous atteignons bientôt. Il y a encore près de 8 kilomètres à faire avant de toucher terre ; j'allonge la descente par la plus invraisemblable feuille morte que je me sois jamais permis. L'appareil se traîne comme un papier gras dans le vent. Je pousse vers le phare... Enfin ça y est et nous sommes sauvés : j'amerris en vue de Ténédos et nous attendons patiemment du secours.

On nous a vus et, un petit quart d'heure après, un chalutier nous recueille à peine mouillés. Nous revenons de loin ! Près de 15 kilomètres en vol plané, plus de la moitié à moins de 1.200 mètres et sous le feu intense des Turcs, furieux de voir leur échapper une proie qu'ils avaient cru tenir. J'étais content, je t'assure, de secouer sur le pont mes bottes mouillées, et j'ai vu couler sans grand regret mon pauvre vieux coucou que plus de 200 heures de vol n'avaient pas démoli.

Tu vois que j'ai failli finir très prématurément ma campagne d'Orient; j'aurais vu pour tout de bon la Turquie !

Ce petit incident ne m'a pas donné un repos bien long. Ce matin, j'ai déjà touché un coucou neuf, nouveau modèle 1915, et, à quatre heures, je l'étrennais à Sarros où la bataille fait rage depuis cette nuit. Nous avançons paraît-il. Espérons donc... »

*Camp de Ténédos, le 25 août.*

« Nous avons été passés en revue, hier, par le général Bailloud, qui a distribué quelques croix de la Légion d'honneur à nos observateurs, quelques Croix de guerre aux pilotes. J'ai fait ma demande officielle pour rentrer en France. Avec l'appui du médecin et de mon chef d'escadrille, je pense que cela ne peut plus tarder beaucoup maintenant. J'ai une hâte fébrile de rentrer, car je ne vais physiquement pas bien du tout, le climat m'a abruti.

Nos camarades anglais ont perdu, la semaine dernière, un de leurs meilleurs pilotes, le capitaine Collett, atteint par un obus et brûlé vif dans son appareil. Le même jour, le commandant Samson a été descendu, lui aussi, par un obus et est tombé sans mal dans nos lignes.

Il fait depuis quelques jours un temps fort désagréable, orageux et lourd. On ne respire plus, même la nuit, et nous attendons la pluie avec impatience.

Nous n'avons plus qu'un pilote de chasse, les deux autres sont évacués. Nos bombardiers officiels sont devenus, deux tout au moins, des régleurs d'artillerie ; le troisième, L..., qui est un excellent aviateur, est... »

. . . . . . . . . . . . . . . . . .

La lettre s'arrête là. On vient donner l'ordre à D... de partir en reconnaissance. Il s'envole avec le sous-lieutenant Saint-A... comme passager. Pris dans un tourbillon, à deux cents mètres de hauteur, entre Ténédos et le cap Hellès, à cinq cents mètres des îles Marros, il tombe, et la mer le tient une heure et demie. On le repêche les mains sur son levier, le corps légèrement incliné à droite, les jambes prises dans le plancher de la carlingue. Il a reçu un coup au cœur et des ecchymoses au visage, les membres sont fracturés en plusieurs endroits. Saint-A..., lui, roule dans les abîmes de la mer Egée...

Si chacun sait que le dessinateur de L... a été atteint au cours d'un combat engagé contre un Aviatik, rares sont ceux qui connaissent le nom du sous-lieutenant L... qui conduisait l'appareil et partagea le sort de son bombardier.

Le raid, au cours duquel ceux-ci disparurent, fut particulièrement efficace, mais nous coûta quatre avions : deux furent abattus, deux capturés.

Trente-deux avions étaient partis, le 9 août 1915, bombarder la gare et les usines de Sarrebrück, malgré des circonstances atmosphériques défavorables. Ils avaient lancé cent soixante-quatre obus, dont sept de 155. De nombreux incendies avaient été observés aux points visés. La cohorte ailée prenait le chemin du retour, mais, à l'arrivée on attendait en vain quatre des avions. Ceux du sous-lieutenant L... et du sergent C... avaient été abattus, et leur équipage tué. Celui du maréchal des logis P... avait été capturé en Allemagne et celui du sergent M... en Suisse.

Le sous-lieutenant L... avait déjà vu la mort de près dans un vol précédent. Ayant pris le commandement de l'escadrille, le chef étant blessé, il avait emmené l'unité attaquer Conflans et avait réussi à rentrer malgré une commande du gouvernail de profondeur coupée. Il avait fait réparer en hâte son biplan, puis était allé successivement bombarder à nouveau Conflans, Dalheim, Maizeray, Thiaucourt. Puis c'était la préparation du raid fatal de Sarrebrück.

L'expédition qui devait être exécutée le 6 août est remise au 9, par suite du mauvais temps et de la tempête. Le 8, L... écrit qu'« il espère pouvoir partir le lendemain ».

En effet le 9, à cinq heures du matin, il prend le départ avec ses camarades. Il est accompagné du sergent bombardier-mitrailleur T..., dit de L... Une mer de brume couvre le terrain. Tous s'élèvent les uns après les autres derrière le capitaine commandant le groupe. Plusieurs appareils de chasse les escortent. Les points de repère sont difficiles à trouver à cause de l'épais brouillard qui s'étend sous les ailes. L'escadre prend sa hauteur et franchit les lignes ennemies, vers 6 heures 10.

C'est à sept heures environ que Sarrebrück est secouée de sa torpeur par l'amas d'explosifs que précipitent nos aviateurs. Pendant de longs instants, la mort et le feu tombent du haut des nues. Dès que le fracas des obus semble s'arrêter définitivement, il reprend bientôt : un avion retardataire déclanche ses projectiles. C'est la panique. Du haut de leur tribune céleste, les voyageurs de l'air constatent entre de rares éclaircies que la foule envahit les rues, court, s'enfuit, tandis que de-ci de-là, de longues fumées s'élèvent vers le ciel et que des flammes témoignent de l'efficacité de l'opération.

Les aviateurs, leur mission accomplie, font demi-tour, se regroupent et, sous la vigilante garde des biplans de chasse, se dirigent vers nos lignes, heureux d'avoir mené à bien la longue et pénible étape. Mais bientôt quatre appareils se détachent de la troupe, qu'ils ne peuvent suivre à la même allure. Ils perdent le gros de l'unité et voguent, séparés les uns des autres, complètement isolés.

Les Aviatiks, qui n'osent pas s'attaquer à un groupe, cherchent toujours ceux qui restent en arrière. Vers huit heures du matin, alors qu'ils aperçoivent déjà dans le lointain les lignes au-dessus desquelles la canonnade semble intense, dernier moment difficile du raid, L... et de

L... voient apparaître devant eux un Aviatik puissamment armé qui leur barre la route. Les nôtres, malgré leur infériorité, s'empressent de faire face à l'ennemi et le combat s'engage. Les Français attaquent les premiers, la lutte est chaude de part et d'autre, mais la vitesse et l'armement de l'appareil de chasse finissent par avoir raison de l'avion de bombardement. Pilote et passager sont atteints par la mitrailleuse de l'Aviatik et le biplan, livré à lui-même, va s'abattre près d'Harbouey, ensevelissant sous ses ailes les restes mutilés des deux héros.

Retirée sur les bords de la mer bretonne, une veuve de 20 ans refoule stoïquement ses larmes et ne laisse échapper aucune plainte. Jamais son mari n'a reçu d'autre hommage que celui qu'elle lui donne chaque jour en menant sa petite fille devant le portrait et la croix de guerre du sous-lieutenant L... Là, la mère et l'enfant disent ensemble chaque fois : « Plus de papa. Il n'y a plus de papa. Nous l'avons donné à la France qui avait besoin de lui pour être victorieuse. »

L'ÉTREINTE
DU MORT

Le 22 août 1915, dans une escadrille du Nord, arrivait un nouvel observateur d'artillerie, le lieutenant C..., jeune homme de grande valeur sorti de l'Ecole polytechnique juste avant la guerre. Il venait se faire porter sur les contrôles de son unité et se préparait à partir en permission, la première depuis la mobilisation. Il tenait cependant, le lendemain, avant de prendre le train, qui devait le conduire auprès des siens, à visiter en avion le secteur où il serait chargé d'opérer. Son capitaine lui désignait comme pilote le caporal M... récemment breveté qui avait souvent déjà donné des preuves de sa bravoure et de son habileté.

Il est 6 heures du soir. Le soleil baisse à l'horizon, immense globe rouge commençant à s'éteindre. Le Maurice Farman glisse sur le sol et s'élève. Il passe à 2.000 mètres au-dessus d'Arras. Près de cette ville où, d'ordinaire, le pilote n'a jamais essuyé le feu des canons, une cinquantaine d'obus sont tout à coup tirés contre lui. Il y a là une batterie que les Allemands viennent d'amener et dont les pointeurs semblent redoutables. L'avion est encadré d'une façon rigoureuse et très précise. L'observateur fait connaissance avec la mitraille ennemie ; quant au pilote, il se demande s'il ne va pas être abattu. Il regarde avec angoisse à terre, les flammes des coups et vit chaque fois sept ou huit secondes lugubres en attendant l'éclatement. L'obus qui monte n'est-il pas celui qui va le pulvériser ? Très crâne, C... inscrit sur sa carte l'emplacement des pièces, puis, lorsque le biplan est sorti de la zone dangereuse, il se penche vers son camarade :

« Nous venons de prendre quelque chose! » dit-il.

Et, aussitôt après :

« Tiens, qu'est-ce que c'est que ça, là-bas ? »

Il désigne du doigt un petit point noir rapide qui semble venir vers eux. Tout d'abord l'aviateur croit qu'il s'agit d'un Morane-Saulnier croisant dans ces parages, rentrant à son port d'attache et profitant, chemin faisant, de sa présence dans cette région pour venir escorter ses camarades. Ce petit monoplan se tient à la même hauteur que lui. Il se rapproche à vue d'œil et ce n'est qu'à trois cents mètres environ qu'il sort de la brume qui tombe avec le crépuscule comme un voile de poussière sur la terre. Il vole à une allure prodigieuse.

Tout en continuant à penser qu'il s'agit d'un monocoque français, le caporal M... se tient cependant sur ses gardes. Il emploie une ruse pour conserver l'avantage de la position s'il a affaire à un ennemi. Il vire et prend la direction du Nord, ayant ainsi à sa gauche le soleil qui éblouirait le nouvel arrivant en cas d'attaque. Celui-ci ne semble pas animé d'intentions de protection, mais n'a pas encore accompli un geste d'offensive. Le doute continue à planer sur sa nationalité, ses ailes restent invisibles : ont-elles le rond tricolore, les couleurs anglaises ou la croix de fer ? Dès que le Français l'a obligé à se mettre face au soleil, il a profité de sa vitesse supérieure pour aller couper le chemin du retour.

Voyant que l'avion de chasse se rapproche, le lieutenant C..., pour être prêt à toute éventualité, détache sa ceinture, se lève et prépare sa mitrailleuse, mais avec la volonté absolue de ne s'en servir qu'après une première attaque, car encore maintenant ils n'ont pu, ni lui ni son pilote, identifier l'appareil.

M... amorce un virage et, juste au moment où il tourne sur une aile, l'avion ouvre le feu. C'est un Fokker, l'un des premiers rencontrés sur le front, et c'est pourquoi les deux camarades avaient si longtemps hésité.

Le tir de l'Allemand est près précis : le lieutenant C..., qui se tient toujours debout et fait preuve d'une maîtrise de soi merveilleuse pour un premier combat, est touché dès la salve initiale. Une balle pénètre par l'épaule et va trancher l'aorte. Moins de dix secondes après, le pilote, à son tour, reçoit deux balles dans la main gauche.

Domptant sa douleur et ne se rendant pas encore compte de ce qui s'est passé, le caporal a a présence d'esprit de fermer la manette des gaz et de piquer aussitôt. C..., qui a été atteint tandis qu'il était dans la position du tireur en train de viser, tombe en avant. Ses bras glissent sur les épaules de son camarade et de sa bouche s'échappent des flots de sang.

On se fait une idée de cette vision d'horreur : d'un côté, l'Allemand plus rapide, merveilleusement armé, très adroit, cherche à précipiter son adversaire dans l'abîme, de l'autre, l'observateur s'effondre sur son camarade blessé qui ne peut éviter cette étreinte. Et le pilote n'a qu'un bras disponible pour manœuvrer et échapper !

Au cours de la même rafale, C... a été tué, le caporal blessé et tous les instruments de bord, montre, compte-tours, altimètre, boussole, criblés de balles. De grands morceaux de toile pendent comme des oriflammes aux ailes. Toute la partie qui virait au moment où le tir a commencé est transpercée de part en part. Dans la queue, huit balles côte à côte. L'un des montants soutenant le fuselage est sectionné, rendant l'atterrissage très périlleux.

La randonnée macabre se poursuit, atroce. Le pilote inondé du sang de son malheureux compagnon et sentant la douleur de son bras augmenter peu à peu, n'a de salut que dans la fuite. Il pique à toute allure vers nos lignes. Le drame qui se déroule ne lui a pas retiré sa présence d'esprit. Il se dirige vers un point de notre territoire qu'il sait défendu par des pièces spéciales contre avions et tente d'y entraîner le Boche qui payera ainsi sa victoire partielle. Il descend de 2.300 mètres à 1.500. Les deux appareils sont aile contre aile et le feu meurtrier cherche à compléter le succès ennemi.

Le Français doit faire des prodiges pour conduire, étant données les conditions dans lesquelles il se trouve. L'étreinte du mort semble se resserrer, les flots de sang augmentent, l'engourdissement du bras devient critique. Notre héros a des éblouissements, il traverse des moments d'inconscience, causés par la douleur. Il les combat en penchant de temps en temps son visage et en humant de grandes bouffées d'air.

Mais il ne peut continuer son vol avec ce poids qui, à chaque coup d'aile, pèse davantage : il faut qu'il dénoue les bras de son malheureux passager. Il cale sa direction avec les jambes et, de sa main valide, parvient à repousser en arrière et à déposer sur son siège celui qui devait trouver une mort glorieuse dans ses débuts d'homme de l'air.

L'Allemand lorsqu'il se rend compte du danger qu'il court en approchant des lignes, abandonne la poursuite, fait demi-tour et disparaît, navré de n'avoir pu terminer son œuvre.

Le caporal privé de ses instruments de bord, et ayant les idées un peu vagues, parvient cependant à retrouver le chemin de son aérodrome. Il ne songe pas un seul instant à atterrir dès que nos tranchées sont traversées, il tient à aller jusqu'au bout, afin de pouvoir faire donner des soins immédiats à C... s'il en est temps encore.

Il arrive enfin, terminant sa randonnée tragique d'une façon impeccable. Il demande aussitôt un brancard pour transporter son passager, dont le corps est déjà froid, puis va se faire soigner. Pendant qu'on le panse, avant de l'évacuer sur un hôpital, les refrains d'une musique militaire mettent une note de gaieté tragique dans ce crépuscule sanglant...

L'AVION
CRIBLÉ D'ÉCLATS

C'était en août 1914. A notre poussée sur Sarrebourg succédait la retraite. Après notre avancée
splendide, mais d'une aisance grosse de menaces,
le recul obligatoire, rapide, ne laissait pas place à
de nombreux calculs. Il fallait agir vite, sinon le
flot débordant nous aurait submergés. L'escadrille à laquelle j'étais attaché se trouvait à Blamont. L'ennemi, dans la matinée, s'était emparé
d'Avricourt, d'Igney et de Repaix, à 4 kilomètres
à l'est de nous. Nos avions étaient là avec un tracteur et sa remorque. Il fallait nous replier en hâte.
Entre temps, nous tirions sans relâche sur chaque
avion allemand qui passait au-dessus de nous.
Quand tout fut prêt, nous évacuâmes le terrain
que l'artillerie adverse arrosait. Le canon tonnait ;
de toutes parts, des flammes éclairaient le ciel.
Villages en feu, bombes éclatant, mousqueterie,
mitraille. Rien ne peut rendre le spectacle des
routes : c'étaient de longs convois, interminables,

obligés de rebrousser chemin, des malheureux paysans qui avaient abandonné leur maison, tous leurs biens à l'incendie ou au vandalisme et qui s'enfuyaient ils ne savaient où, traînant les quelques restes qu'ils pouvaient emporter ; c'étaient des régiments à l'affût de la position efficace, des soldats qui, dans la fureur de l'attaque, avaient perdu leur unité et s'en allaient à travers champs, exténués, harassés, à la recherche de leurs camarades. Et cette débâcle se déroulait sous un soleil brûlant dont les rayons nous criaient malgré tout : « Espoir », sous une poussière qui nous rendait méconnaissables. La chaleur, la soif, la fatigue et la fièvre nous faisaient croire que nous étions maudits. Fuite d'angoisse, vision d'enfer !

Les aéroplanes avaient fort à faire dans cette tourmente pour réussir à distinguer nos troupes des armées ennemies. Aussi les reconnaissances s'effectuaient-elles à très faible hauteur. Les soldats n'étaient pas encore familiarisés avec notre aviation. Ils ne savaient jamais exactement si l'avion qui les survolait était français ou allemand. Les vols avaient pour utilité de chercher à reconnaître les variations du front, à relever le moral des hommes et à leur apprendre à distinguer nos appareils, grâce aux cocardes tricolores peintes sous les ailes. Il fallait donc voler aussi bas que la sécurité hypothétique le permettait.

Un jour, le sergent du T... avait mission d'aller observer le repli de nos troupes. On lui avait affirmé qu'il pouvait aller sans crainte jusqu'à Blamont. Il part par une brume très épaisse et, après avoir dépassé Baccarat, à mi-chemin entre cette ville et Blamont, y voyant très mal, il descend en vol plané. Arrivé à 150 mètres, il commence à entendre le sifflement caractéristiques des balles qui, par miracle, ne parviennent pas à l'atteindre. Il regarde par l'échancrure de l'aile et aperçoit une ligne de tirailleurs allemands, à 500 mètres derrière lui. Ces troupiers sont abrités derrière une haie et tirent avec abondance. En même temps debout dans la nacelle, le mécanicien affolé crie : « Ce sont des Boches ! ce sont des Boches ! » Du T... qui s'en était douté, on le conçoit aisément, remettait à la montée, virait et rentrait, trop heureux d'avoir échappé à la fusillade. Il avait eu la chance de passer au-dessus d'hommes de première ligne qui, énervés, sans doute, par la fièvre du combat, avaient tiré sans viser.

A la même époque, un vol semblable se termina tragiquement.

Le maréchal des logis B... faisait une reconnaissance dans la région de Baccarat et avait ordre d'atterrir, au retour, à proximité des troupes françaises pour leur remettre un renseignement. La mission avait été consciencieusement accomplie ; B... revenait sur la rive gauche de la Meurthe, cherchant un rassemblement pour communiquer sa dépêche. A Domptail, il n'était qu'à cinquante mètres au-dessus d'une troupe qu'il croyait française, lorsqu'un feu nourri était dirigé presque à bout portant contre l'avion. Celui-ci était criblé de balles. L'une d'elles crevait le plancher et blessait le passager à une jambe et à un bras. Une autre atteignait B... en pleine poitrine, traversait le poumon droit en diagonale et venait s'arrêter sous l'omoplate. Dans un admirable sursaut d'énergie, le pilote se crispait sur sa direction et, malgré la douleur, malgré sa faiblesse, la remettait brusquement à la montée et continuait son vol pendant vingt-cinq minutes, jusqu'à Epinal, où il atterrissait d'une façon impeccable. Il avait la force de descendre seul de l'appareil et de faire des signes pour appeler du secours. Il tombait dans les bras des mécaniciens, racontait très simplement tout ce qui s'était passé et était transporté à l'hôpital. Dans la nuit, le héros rendait le dernier soupir.

Que dire des prouesses accomplies par l'aviateur du T... Avant de rappeler l'un des vols où son avion fut le plus endommagé, n'oublions pas de dire que ce pilote, très fin et très énergique, prit part le 30 décembre 1914 au fameux bombardement nocturne de Metz, entre 11 heures et minuit 30. Pour cette expédition, le seul dispositif spécial employé par les quatre pilotes consistait en une petite lampe électrique de poche, sans cran d'arrêt. L'aviation de nuit a fait heureusement des progrès.

Du T..., ayant changé d'appareil et appartenant à un groupe de bombardement, prit part à toutes les opérations effectuées contre les batteries de Farbus, Vimy, Givenchy, Beausais et du bois de la Folie. Chaque jour, de nombreuses bombes étaient projetées sur ces objectifs délicats, et les Allemands employaient leurs meilleurs pointeurs à tâcher d'abattre avec leurs pièces spéciales les semeurs de mort.

Le bombardier habituel de du T... était le sergent T..., plus connu sous le nom de de L... L'équipe était parfaite par son homogénéité et son courage. Le 1er juin, ordre était donné d'aller attaquer les batteries de Farbus.

Du T... et de L... prennent six obus de

90 à bord et s'envolent. Dès le passage des lignes, la canonnade commence. Les flocons de fumée des obus semblent tracer dans les airs l'itinéraire à suivre. Arrivés aux environs de Farbus, les deux amis entendent éclater à leurs côtés trois obus. L'avion chavire de droite et de gauche, titube, zigzague. Puis un autre projectile arrive, dont du T... et de L... voient le feu, et aussitôt le pilote reçoit dans la figure une pluie de bouts de bois et des débris d'appareil : l'impression d'une gifle puissante. Il se retourne vers son bombardier, le regarde, et tous deux éclatent de rire. Se sentir en compagnie a complètement et immédiatement effacé la fugitive sensation de mort. Tout en faisant des virages pour dépister les artilleurs allemands, tous deux regardent autant qu'ils le peuvent ce qui s'est passé. Du T... se rend compte avec satisfaction que ses commandes, continuent à fonctionner et que son biplan se comporte normalement. Anastor, — chat mâtiné de girafe, qu'il a attaché sur le plan supérieur et qui lui sert de porte-bonheur depuis le début de la campagne, — Anastor a eu chaud, mais il est indemne : tout va bien. Bon signe ! Le capot est traversé. Un éclat y est passé, a réduit 'indicateur de vitesse en poussière, ricoché contre

la plaque sur laquelle se boulonne le tube avant du trépied de la mitrailleuse et est ressorti en emportant le bord supérieur du capot. Sans la plaque préservatrice, du T... était atteint en pleine poitrine.

Mais les deux camarades ne pensent déjà plus à l'incident ; ils songent à leur mission. Du T... ne dérage pas. L'obus est arrivé au moment où il commençait à observer l'objectif dans la vitre du plancher de la nacelle. Tout est à refaire. Au milieu des projectiles qui continuent à chercher l'avion, le pilote reprend l'opération. Arrivé sur la cible, il fait signe à de L... de déclancher les obus : le lance-bombes ne fonctionne plus. Un éclat l'a faussé. Ils décident alors de les jeter à la main, un à un. Ils font trois tours au-dessus du point cherché, répandent leurs explosifs et prennent le chemin du retour. Rien d'anormal ne se produit plus, le cortège d'obus qui les accompagne étant absolument conforme à la règle.

En cours de route, de L... se contente d'interpeller du T...

— Je suis blessé.

Et il lui montre sa main qui saigne abondamment.

— Est-ce grave ?

— Non, ce n'est rien, ne t'inquiète pas.

Pour changer d'idée, il indique à son pilote un large trou laissé dans l'aile par le passage d'un éclat. Les deux amis trouvent encore très drôle cette constatation. Ils atterrissent, passent l'examen de l'avion : partout sont relevées des traces de l'attaque ennemie. Trois nervures sont brisées, les cocardes de droite et de gauche sont symétriquement traversées juste dans leur centre.

« En plein dans le mille », dit de L...

Le capot est complètement démoli. L'avion, enfin, est inutilisable.

« Nous revenons de loin, déclare le bombardier à son pilote. Quand on est passé par là sans y rester, on peut affirmer qu'on est vacciné contre la mort».

Hélas ! pour le pauvre garçon, ce n'était pas un vaccin, mais un signe avant-coureur : quelques semaines après, nous l'avons vu, au cours du bombardement de Sarrebrück, du T..., étant malade, de L... partait avec le sous-lieutenant L... un Aviatik les attaquait ; le combat durait une demi-heure et les deux Français allaient s'écraser sur le sol, en territoire ennemi.

## UN HÉROS
### DÉSINVOLTE

Avant d'être l'un de nos plus valeureux pilotes militaires, il était un maître de l'escrime. C'est ainsi qu'il avait été reçu à l'école de Joinville avec le numéro 1 et qu'il y était resté attaché comme professeur. En 1911, il entrait dans l'aviation, où il se signalait bientôt par des voyages audacieux, puis s'attribuait, en 1914 le record militaire de la durée avec passager par treize heures quarante.

La guerre permit à l'adjudant Q... de se couvrir de gloire·

Le 8 septembre 1914, il recevait la mission d'aller lancer des obus de 90 sur un parc d'artillerie allemand signalé à la croisée des routes Soultz-Bollwiller et Bollwiller-Issenheim et sur la gare de Mulhouse. Le lieutenant B... passé depuis capitaine était observateur. Le pilote abordait le premier objectif, vent debout, en venant d'Issenheim. Il se tenait à 1.800 mètres d'altitude.

Au moment où le bombardement commençait, le moteur se mettait à faiblir et l'avion à descendre. On se figure facilement l'angoisse de l'aviateur voyant l'altimètre baisser peu à peu, marquer 1.100 mètres et constatant qu'il doit lutter contre un violent vent debout pour rentrer : la vitesse n'atteignait pas 45 kilomètres à l'heure. Pour comble de malchance, l'avion se trouvait au-dessus d'un bataillon ennemi en colonne sur la route de Bollwiller à Soultz. Vite, la troupe se formait dans les champs et ouvrait le feu. Soudain, par miracle, le moteur reprenait et l'avion pouvait remonter, — péniblement, et au prix de quels efforts ! — jusqu'à 1.900 mètres. L'observateur s'était aperçu que l'appareil avait été touché en plusieurs endroits. Une balle, notamment, avait sectionné la tôle garantissant le mât arrière-droit, support du moteur. Il fallait empêcher que cette pièce se détachât, sans quoi elle serait tombée dans l'hélice qui, en se brisant, aurait coupé la queue du biplan. Jugeant le danger, le lieutenant B... dégrafait sa ceinture et n'hésitait pas à aller se mettre à cheval sur le moteur, pour maintenir la tôle menaçante. Pendant ce temps, confiant dans son moteur, le pilote repartait à Mulhouse pour terminer sa mission, puis rentrait

à Belfort, toujours avec son passager à califour-
chon.

Dix balles avaient atteint le biplan, une était
entrée dans le ventilateur du moteur, une avait
touché le siège de l'observateur, une était dans la
tôle du mât arrière, six dans la grande cellule,
une enfin avait sectionné le longeron avant du
plan supérieur de la cellule arrière.

Le 18 novembre 1914 fut le premier jour de
grand froid de l'hiver. Plusieurs observateurs et
un pilote descendirent atteints de commencement
de congestion. Presque aucune mission ne put
être menée jusqu'au bout. Or, Q... tint l'air
pendant sept heures, alors que le thermomètre
enregistrait 27° au-dessous de zéro. Il commença
par un réglage de tir avec le lieutenant P...
Le vol exécuté à 1.900 mètres, dura une heure
quarante-cinq. La batterie ennemie était tellement défilée que l'avion devait se tenir exactement au-dessus d'elle, malgré le feu intense qui
cherchait à l'abattre. Aussitôt rentré, Q... repartait, encore avec le lieutenant P... pour une
reconnaissance de champ de bataille de deux
heures, sur le front Chauvoncourt, Apremont.
Puis il allait faire du bombardement ; avec son
mécanicien G... il attaquait les casernes de

Saint-Mihiel. Pendant une heure quarante-cinq, il servait de cible aux canons allemands. Enfin, il procédait à un nouveau lancement de projectiles avec le lieutenant B... sur des baraquements ennemis, dans la forêt d'Apremont. Ce dernier vol durait une heure trente.

Le lendemain par un temps semblable, il tenait l'air cinq heures, une reconnaissance de positions et de batteries, un bombardement, un réglage de tir au cours duquel il livrait combat à un Aviatik qu'il obligeait à fuir.

Chaque semaine l'aviateur Q... mettait à son actif quelque nouvelle prouesse. Et, ce parfait athlète restait toujours aussi simple, aussi gai, aussi enthousiaste. Il faisait plus que son devoir, le sourire aux lèvres. C'était un virtuose de l'héroïsme.

Cet aviateur aimait jouer avec le danger. Sa témérité était parfois exagérée. C'est ainsi qu'en octobre 1915, à 50 mètres d'altitude seulement et à 250 mètres de la première ligne allemande, il alla évoluer, le long des tranchées, sous une fusillade terrible, bien entendu. Pas une balle ne parvint à le toucher.

Comme, à son atterrissage, on lui faisait remarquer son imprudence, tout en lui exprimant l'enthousiasme et la joie des poilus :

— Ces petites fantaisies, répondit-il sont épatantes pour entretenir le moral de nos soldats. Je serais coupable de ne pas leur procurer de temps en temps ce spectacle qui rompt la monotonie de leur existence ordinaire.

Une autre fois, en octobre également, notre héros faisait une reconnaissance à neuf cents mètres au-dessus de l'ennemi. Il recevait pas mal de projectiles et, « pour les entendre mieux », avait coupé son moteur. Soudain, il piquait brusquement derrière une colline, simulant la chute. Le lendemain, dans leur communiqué, les Allemands annonçaient qu'ils avaient abattu un français. Or, celui-ci n'avait été atteint que par trois balles dans la nacelle. Que fit Q... ? Il rédigea une réponse et alla incontinent la jeter dans les lignes ennemies, à l'endroit exact où la fusillade avait été particulièrement violente.

*« Le sous-lieutenant Q... a l'honneur de vous faire savoir que, pour un aviateur descendu par vous, selon votre communiqué, il ne se porte pas trop mal. Il espère vous procurer encore de nombreuses émotions.. »*

Q... fêta ses galons d'officier avec, comme observateur, le capitaine C..., qui, lui, fêtait sa Légion d'honneur. Vers une heure du matin, après un plantureux repas, tous deux décidaient d'aller réveiller les Boches avec quelques bombes. Ils en emportaient huit à bord et les lançaient délicatement sur une gare. Après chaque obus, ils avaient la joie de voir les maisons s'éclairer une à une et les flammes s'élever de l'objectif.

Le 17 décembre 1915, Q... partait en reconnaissance n'ayant à bord qu'un mousqueton, et s'apprêtait à franchir les lignes. lorsqu'il apercevait deux avions allemands se disposant à venir faire tout comme lui, une reconnaissance sur notre territoire.

Il attaquait résolument l'appareil le plus proche, mais y renonçait bientôt, l'adversaire prenant de la hauteur.

Sans perdre de temps, il se précipite alors sur le second avion qui est à peu près à la même altitude que lui. L'Allemand se sert de sa mitrailleuse, Q... ne faiblit pas, insiste et, devant une telle opiniâtreté, voit l'autre abandonner la lutte et rentrer dans ses lignes. Il ne reste que six cartouches à notre représentant. Malgré cela il accompagne celui qu'il a vaincu et va continuer sa reconnaissance.

Un seul vol l'a profondément impressionné pendant la guerre.

Je le lui ai entendu raconter plusieurs fois. Je le rapporterai tel qu'il le narrait lui même :

— C'était au cours d'une longue reconnaissance à l'arrière des lignes allemandes. J'avais comme observateur le fils du général de Maud'huy, qui était sous-lieutenant. Les canons verticaux nous bombardaient de leur mieux. De tous côtés, à notre hauteur, nous étions entourés ; leur tir était une véritable rafale d'obus. J'eus un instant d'appréhension farouche. Ce fut rapide comme un éclair.

— Je crus vraiment que c'était fini, que je ne pouvais leur échapper cette fois. Une idée traversa mon cerveau : brusquement, de 2.500. mètres, je piquai à 1.500. Et c'est comme cela que nous nous en tirâmes, avec trois éclats d'obus seulement dans l'avion.

— Chaque fois que je pense à ce vol, je me sens angoissé. A mon jeune camarade comme à moi, il nous sembla avoir senti la mort nous frôler de son haleine.

— Cependant il était écrit que, ce jour-là, elle ne voudrait pas de nous.

Mon pauvre ami trouva, quelques mois plus tard, une fin aussi glorieuse en faisant ses débuts de jeune pilote.

Bornons là nos anecdotes, mais avec les prouesses de Q..., chevalier de la Légion d'honneur, médaille militaire, cité quatre fois, ce n'est pas un article, c'est un livre qu'on devrait écrire, le livre de la témérité désinvolte et de l'héroïsme élégant.

Au début de la guerre, le feu de l'artillerie n'était pas encore très précis. Le tir contre avions était une nouveauté. Peu à peu les pointeurs rectifièrent leur visée et maintenant, si la part du hasard est encore grande, il faut reconnaître que, tant du côté français que du côté allemand, les pièces spéciales n'encadrent pas toujours en vain les appareils qu'ils cherchent à abattre. Un obus explosant même à cinquante mètres de l'objectif, suffit à projeter quelques éclats qui viennent frapper et traverser l'aéroplane. De ces traces, rares sont ceux qui n'en ont pas rapporté. L'éclat d'obus est l'incident quotidien auquel s'attendent tous les avions de bombardement, de réglage ou de reconnaissance. Certains sont rentrés avec dix, quinze, vingt atteintes dans leur aéroplane. Les accidents provoqués sont multiples.

Deux appareils ont reçu l'obus de plein fouet et ont été pulvérisés en l'air, ce sont ceux de l'adjudant R... et du sapeur G... Pour celui-là, le projectile percuta dans l'avion, qui descendit en chute vertigineuse, venant se broyer et s'incendier sur le sol (5 novembre 1914). Celui-ci, célèbre dans le civil pour ses records avec passagers — il en détenait quarante-et-un — avait été chargé de détruire, le 15 août 1914, une batterie spéciale, près de Metz. Pendant que son observateur, le lieutenant de S..., se préparait à déclancher ses deux 155, un obus frappa l'aérobus, qui alla s'écraser aussitôt à terre.

Et, pourtant, la chute ne s'ensuit pas obligatoirement lorsqu'un avion est ainsi atteint.

En juin 1915, le sergent D... évoluait à deux mille deux cents mètres au-dessus du bois Le Prêtre. L'observateur, le lieutenant G..., prenait des photographies des batteries défendant ce point. Tous deux montaient un biplan bimoteur. Tout à coup, cinq coups de canon étaient tirés. Le cinquième éclatait exactement sur le nez du moteur de droite. Le nez était fondu instantanément par la chaleur de l'explosion, comme sous l'effet d'un chalumeau. L'hélice avait complètement disparu, anéantie. Pas la moindre trace de bois dans le moyeu. Un cylindre et son piston étaient volatisés. Les autres cylindres ainsi que le carter étaient traversés de part en part : « un véritable fromage de gruyère », selon l'expression de ceux qui observèrent l'avion à son atterrissage. Le réservoir était couvert de trous. Toutes les cordes à piano de la cellule droite étaient coupées, sauf une. Les mâts du moteur de droite comme ceux du moteur de gauche étaient déboîtés. L'hélice du moteur gauche était ébréchée et le réservoir crevé. Quant à la nacelle, elle était copieusement ajourée et l'appareil photographique réduit en poussière. Les quatre pneumatiques des roues n'avaient laissé aucune trace et les tubes du train d'atterrissage étaient percés en maints endroits.

Par malheur, le lieutenant G... était grièvement atteint au bras gauche. Il avait une artère coupée. D'autres éclats l'avaient blessé sur diverses parties du corps. Un énorme morceau de fonte, qui avait traversé le capot, était miraculeusement passé entre les jambes du pilote sans le toucher.

Celui-ci conservait tout son sang-froid et s'empressait de faire demi-tour, il s'attendait à chaque instant à voir se rompre le dernier organe de son appareil. La chute dans l'abîme lui paraissait imminente. Il s'était rendu compte de la gravité des blessures de son camarade. La nacelle était transformée en une baignoire de sang.

Les lignes étaient enfin franchies, et le sergent se dirigeait en hâte vers le terrain d'atterrissage avancé d'où son escadrille partait pour les réglages d'artillerie. En cours de route, il s'apercevait soudain que le feu avait pris dans la nacelle de gauche. Les flammes léchaient l'appareil, croissaient et semblaient vouloir faire finir le martyre du malheureux observateur. La mort employait tous les raffinements pour attirer sa proie ! Il fallait faire vite et pourtant, en piquant, l'incendie menaçait encore d'augmenter, la force du vent l'attiserait. C'était alors la descente à plat dès que l'aérodrome était en vue. Pour atterrir, le pilote prenait toutes ses précautions. Il savait que son bimoteur était fragile.

Le moindre cahot, et ce serait l'effondrement du châssis abondamment perforé, ce serait le capotage. En ce cas, le feu carboniserait les deux camarades ensevelis sous ce bûcher.

Ces préparatifs de l'atterrissage furent, selon le pilote, les minutes les plus angoissantes de sa randonnée tragique. Avant de se poser, il effectuait trois tours au-dessus du champ à cause des remous et pour trouver l'endroit le plus favorable, le plus uni. Il réussissait une descente impeccable et, par un hasard extraordinaire, l'avion ne se

brisait point. Aussitôt soldats et paysans se précipitaient pour éteindre l'incendie avec de la terre,
tandis que le sergent arrachait comme il pouvait
de son siège son compagnon évanoui. Tous deux
étaient conduits en automobile au château voisin.
Un chirurgien était appelé en hâte et amputait
du bras gauche le lieutenant G..., qui ne pouvait
survivre à ses blessures et mourait le lendemain.
A leur descente d'appareil, pilote et observateur
semblaient avoir été plongés dans le sang.

L'avion bimoteur de ce vol atroce, qui aurait
inspiré un Edgar Poe, est exposé aux Invalides.

Cette randonnée étonna. Les compétences ne
pouvaient supposer qu'un obus explosant dans
le moteur n'entraînât pas aussitôt la chute horrible dans le vide. Certains prétendirent que, sans
aucun doute, on avait pris la partie pour le tout,
et qu'il ne s'agissait que d'un gros éclat. Or, ce
que nous avons décrit est la vérité stricte. C'était
bien un obus de plein fouet. Seul, un caprice du
hasard avait permis au pilote de ramener un appareil qui ne tenait plus que par quelques fils.

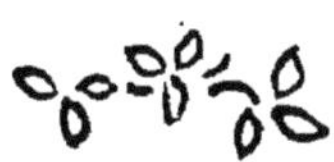

## A CENT MÈTRES
## AU-DESSUS DES TRANCHÉES

Le 7 novembre 1915, l'adjudant de R... engagé volontaire hollandais, était parti faire un réglage de tir sur les batteries du bois de La Folie. Un lieutenant observateur l'accompagnait. L'appareil était un Maurice Farman. Ils étaient en train d'opérer et transmettaient des renseignements d'une importance capitale, lorsqu'un monoplan Fokker survenait et cherchait à engager la lutte. Le lieutenant s'empressait de tirer, puis l'aviateur piquait et l'Allemand n'insistait pas. Quand on effectue des réglages, il est nécessaire d'avoir toutes ses idées lucides et de n'être préoccupé par aucun incident accessoire ; aussi l'officier réclamait-il par T. S. F. l'envoi de biplans de chasse de protection pour faire le guet. Cette précaution prise, les deux aviateurs continuaient leur réglage sans plus se soucier des attaques ennemies.

Dix minutes après, le Fokker revient à la rescousse, décidé cette fois à reprendre le combat.

16.

Notre pilote se met dans sa ligne et le lieutenant observateur, debout sur son siège, tire avec un flegme admirable et un rare sang-froid contre l'assaillant qui, à moins d'une longueur derrière, mitraille avec abondance l'avion. Ayant fini, l'officier crie : « Piquez ! »

Et, toujours debout, il se met à hurler en agitant désespérément les bras. Le pilote croit qu'il a été atteint, s'inquiète, demande la raison de cette manifestation.

« Dame, je lui fais nos adieux ! » répond le passager.

Rassuré l'aviateur pique à fond pendant deux cents mètres, au risque de ne pouvoir se rétablir. Le Fokker n'ose le suivre dans une descente aussi rapide, aussi périlleuse, et ne peut plus tirer, car il lui est impossible d'obtenir un angle assez prononcé. Il abandonne la poursuite, s'enfuit.

Les aviateurs ont remarqué sur plusieurs endroits de l'appareil des traces de balles, des toiles pendent déchiquetées, des haubans font un bruit de ferraille. Ils ne savent pas exactement les blessures de leur oiseau, mais sont certains qu'il a été touché et bien touché. Malgré cela, malgré le doute, pour la seconde fois, ils reprennent leur réglage. Après avoir accompli leur mission, ils rentrent et constatent que le biplan a reçu quinze balles : deux longerons sont sectionnés, une poutre, deux montants, un arc-boutant de gouvernail coupés, ainsi que deux fils de cellule. Les autres projectiles ont déchiré les ailes. Le tir de l'Allemand avait été vraiment remarquable, encadrant à merveille l'objectif, mais n'ayant pas la chance d'atteindre les passagers que leur présence d'esprit avait sauvés.

Le 9 janvier 1916, le même pilote s'était envolé, avec son mécanicien. Il se tenait à huit kilomètres à l'intérieur des lignes allemandes, lorsque, pris sous le feu des canons, un obus de 37 venait percuter sur la magnéto qu'il arrachait avec un morceau du carter et les tôles d'aluminium du moteur. Un cylindre était défoncé et l'hélice brisée. Par miracle, les morceaux de celle-ci passaient tout à côté de la queue du dernier T, le brisant, sans atteindre la poutre qu'ils frôlaient. Si celle-ci avait été touchée, c'était la rupture immédiate de l'appareil. D'autre part, quatre fils de cellule étaient cisaillés par des éclats.

Bien entendu, arrêt subit du moteur. Que faire ? Le vent debout est extrêmement violent. Deux solutions se présentent : ou s'enfoncer plus avant dans les lignes allemandes et se faire capturer en atterrissant, ou *essayer* de rentrer en territoire français en franchissant les tranchées à une hauteur dérisoire et en allant ainsi à une mort presque certaine.

C'est cette dernière décision que le pilote choisit. Et il faut faire vite, car l'appareil, maintenant livré à lui-même et luttant contre un vent qui l'empêche d'avancer, va perdre promptement sa hauteur. L'émotion qu'il vient de ressentir en voyant éclater un obus à ses côtés, l'aviateur doit la dompter et ne point y réfléchir. Du sang-froid, ou il ne pourra rentrer. Et c'est dans de telles circonstances qu'on apprécie la beauté du caractère de nos héros de l'air qui, quel que soit le danger qu'ils rencontrent, doivent maîtriser leurs nerfs et leurs pensées pour s'occuper aussitôt de la tactique à suivre.

L'avion, fort heureusement, est à 2.600 mètres, mais ce n'est pas considérable étant donné la force de l'ouragan. Le pilote pique juste assez pour que son biplan acquière une vitesse supérieure à celle du vent et le moins possible pour ne pas perdre de hauteur inutilement. C'est un véritable tour de force, une séance d'équilibre. Enhardis, les Allemands continuent à tirer avec leurs canons jusqu'à ce que l'appareil atteigne 900 mètres. La cible est magnifique et les pointeurs peuvent aisément viser, car là il ne s'agit pas d'accomplir des zigzags, de piquer et monter pour dérouter les artilleurs. Il faut aller tout droit. Le pilote regarde au loin nos tranchées qui l'hypnotisent comme l'acrobate sur fil de fer fixe obstinément un point.

Après les canons, c'est la fusillade qui commence. Les deux voyageurs de l'air voient très distinctement les fantassins allemands tirer de leurs trous et entendent les balles qui sifflent autour de leur tête. Trente-cinq projectiles atteignent l'avion, dont un traverse la carlingue et passe entre les jambes et les mains de l'adjudant, éraflant son pantalon et sa veste de cuir.

Devant cette rafale de mitraille, l'aviateur pense que s'il continue à descendre lentement, il est sûr d'être abattu. Elles n'auront servi à rien toutes ces acrobaties auxquelles il se livre depuis des minutes qui semblent des siècles. A rien, sinon à prolonger le supplice. Il décide de risquer le tout pour le tout. Adieu-va... et le voilà piquant directement vers le sol. Cette descente progressive oblige les tireurs à modifier continuellement leur hausse et diminue les chances d'être atteint puisque la vitesse augmente. Enfin, les tranchées sont survolées, mais l'avion est alors à moins de cent mètres du sol. Il passe cependant sans autre dommage et a juste le temps d'aller se poser de l'autre côté, *chez nous*, entre les fils de fer barbelés, les boyaux, les tranchées, les trous d'obus.

Le drame n'est pas encore terminé ! Dès que l'appareil se sera posé, il sera pris sous le feu des mitrailleuses ou des canons. Le pilote crie à son mécanicien de sauter le plus vite possible et de s'enfuir. Celui-ci pendant le vol, descend sur les patins et avant que le biplan atterrisse se précipite à terre. Il faut, maintenant, prendre garde de ne pas capoter pour ne pas être enseveli sous les débris où le canon donnerait le coup de grâce. Malgré le mauvais état du terrain, tout se passe bien. Dès que l'avion est arrêté, l'aviateur écrase le capot et s'élance sur le sol où il se couche. Puis il regarde : il constate que le bord d'une crête les protège. Tous deux s'enfouissent dans un boyau et partent à quatre pattes. A ce moment, les Allemands commencent à tirer des 77 fusants, mais à 50 mètres trop au sud et manquent leur but.

Des fantassins viennent rejoindre les aviateurs dans le boyau, les conduisent dans leur cagna et leur offrent un verre de « gniole » qui les réconforte et les remet de leurs émotions. Deux sections avaient déjà pris les armes pour sortir des tranchées et aller chercher les deux héros s'ils avaient été obligés d'atterrir entre les lignes. D'autre part, devant l'avion en détresse, les braves poilus avaient averti les brancardiers qui arrivaient en hâte... pendant que ceux qu'ils venaient ramasser buvaient placidement.

Après un instant de repos, en attendant que la rafale d'obus eut cessé, les fantassins allèrent avec les aviateurs, tirer l'avion dans un trou où il fut démonté le surlendemain à la faveur du brouillard.

## UN MATCH AÉRIEN
## FRANCO-ALLEMAND

L'un des plus .beaux duels de l'histoire de la
guerre aérienne est sans conteste celui qui se déroula durant les derniers jours de décembre 1914
sur la frontière de l'Est. Ce qui contribua à rendre
passionnante cette période, ce furent les défis que
se lancèrent mutuellement les adversaires en présence, où le dernier mot resta toujours aux Français. Dès que nos ennemis, avec leur traîtrise coutumière, s'attaquaient aux villes ouvertes, tuant
— quand leurs bombes, généralement inoffensives,
éclataient — vieillards, femmes et enfants, nos
héros ripostaient aussitôt en se rendant, eux, audessus des villes fortifiées, détruisant des ouvrages
d'art, des gares, des ravitaillements et des rassemblements militaires. Cette joute, qui se prolongea
pendant tout le mois de décembre, fut couronnée
par le plus bel exploit d'audace osé jusqu'alors :
le bombardement de Metz et d'Arnaville par une
escadrille, à minuit, le 30 décembre.

Ayant assisté de près à toute cette épopée, en ayant suivi toutes les péripéties, j'en retracerai les divers épisodes pour prouver quel auxiliaire précieux est l'avion, tour à tour œil dans le ciel pour les réglages d'artillerie, engin de reconnaissance, gardien vigilant de nos frontières et de nos cités, et merveilleux organe de destruction.

Le **13** décembre, un renseignement parvenait annonçant qu'un État-Major allemand se trouvait à Pagny-sur-Moselle, où il habitait le château d'un ancien député protestataire de Metz. A côté se trouvaient cantonnés environ 800 hommes. Le sergent B... partait aussitôt avec quatre bombes de 90 à bord. Malgré le froid très vif, il accomplissait sa mission et revenait deux heures dix après, ayant lancé un projectile sur le château désigné, un autre sur la ferme située à proximité, un troisième sur la route où se trouvait un rassemblement, le quatrième sur la gare où un train stationnait. Le convoi fut sectionné en deux et les tronçons s'enflammèrent immédiatement ; pendant de longues heures, l'incendie fit rage. Aucun des canons braqués durant tout le vol contre le pilote ne parvint à l'atteindre.

Les Allemands n'osèrent accuser le coup, mais

jurèrent de se venger. C'est à partir de ce moment
que Nancy redevint leur cible. Presque chaque jour,
un ou deux avions venaient lancer des bombes sur
la ville paisible. Ils ne produisaient aucun effet,
mais ces promenades fréquentes énervaient la
population, non pas que la peur eut prise sur elle,
mais elle ne pouvait concevoir que l'agression
restât sans châtiment.

C'est dans ce but que le maréchal des logis
V..., le 22 décembre, prit le départ de Nancy
à une heure de l'après-midi, avec le capitaine
J... comme passager. L'objectif du voyage
était Strasbourg, mais avant de se diriger sur ce
point les aviateurs tinrent à mettre en fuite un
Taube qui essayait de venir accomplir sa lamen-
table et vaine besogne sur la cité nancéienne.

Malgré la brume, les courageux Français partent pour leur longue randonnée. Ils se dirigent
vers Lunéville en prenant de la hauteur. Le froid
est très vif, peu importe. C'est au moyen d'un
bloc-notes que le capitaine communique avec
son pilote. Il commande à celui-ci d'obliquer sur
Sarrebourg. Le froid augmente de plus en plus.
La boussole gèle. Le maréchal des logis V...
en fait part à son observateur qui lui répond :

—« Ça ne fait rien ! Je connais le chemin. Voyagez

à la carte ! » Un malencontreux coup de vent fait tomber le bloc-notes dans le fuselage. Le capitaine cherche à le rattraper, bouge, remue, s'arc-boute et ses mouvements donnent quelque inquiétude au pilote obligé de lutter contre de violents remous. Voyant ses efforts vains, l'officier écrit ses ordres au dos d'une enveloppe de tablette de chocolat qui ne tarde pas à rejoindre le bloc-notes. A cet instant, l'avion se trouve sur la crête des Vosges. Une mer de nuages cache le sol. Impossible de se diriger à la carte. Que faire ? Le capitaine commande de marcher avec le soleil dans le dos jusqu'au Rhin. A deux heures un quart, le fleuve est en vue. La brume a disparu. On aperçoit Strasbourg. Virage à droite pour remonter le Rhin du côté de la ville désirée.

Lorsque l'avion est arrivé sur la grande cité, le capitaine arme la première bombe, tout en continuant à clamer ses commandements pour se placer exactement au-dessus du point convoité. Le projectile est lancé sur le port, l'avion remonte le Rhin pour permettre au bombardier de préparer le second obus. Dix minutes après, celui-ci tombe sur les docks que nous savions remplis de munitions. A ce moment, les Allemands commencent à tirer sur le monoplan parasol. Les deux bombes leur ont prouvé qu'il s'agissait d'un appareil français. Ils ne croyaient pas qu'un de nos avions aurait l'audace de franchir une telle distance au-dessus du territoire ennemi. C'est alors un vacarme assourdissant qui couvre le bruit du moteur ; les flocons de fumée, épars dans le ciel, prouvent l'inefficacité du réglage des canons ennemis. L'avion, ayant accompli sa mission, retourne vers son point de départ, plus léger, plus joyeux, se riant des attaques manquées. Et pourtant il n'était qu'à 1.850 mètres au-dessus de Strasbourg. A trois heures quarante-cinq, l'oiseau français volait au-dessus de Lunéville et à quatre heures atterrissait à Nancy : le pilote s'apercevait alors que son réservoir d'huile était complètement gelé et qu'il avait à son moteur une tige de soupape cassée. Il était temps d'arriver !

Les journalistes allemands, plus experts que leurs artilleurs, estimèrent exactement à 1.800 mètres l'altitude de l'avion et avouèrent que les bombes lancées avaient atteints les points visés, mais, ajoutaient-ils, les docks étaient vides ! Naturellement !

C'en était trop ! Nos ennemis se promirent de tirer vengeance de ce raid audacieux, le premier sur Strasbourg. Ils avaient également à se venger de l'expédition nocturne du dirigeable français, le *Conté*, qui, cinq jours auparavant, avait fait sauter les gares de Sarrebourg et des localités voisines en projetant 50 bombes carrées de 10 kilos.

Donc, le soir du réveillon, un Zeppelin venait évoluer près de Nancy, vers neuf heures, mais quatre coups de canon tirés sur lui le mettaient en fuite. Le matin de Noël, deux obus étaient lancés sur Nancy par un Taube : ils n'occasionnaient que des dégâts matériels insignifiants.

Par contre, en cette journée de fête, les avions monoplans de l'escadrille Bl. 18 ne chômaient pas, et accomplissaient un magnifique travail. A six heures quinze du matin, trois pilotes prenaient le départ, dans la pénombre : le sergent B..., cité plus haut, devait s'arrêter aux environs de Pont-à-Mousson, son appareil ne pouvant atteindre une altitude suffisante. Il rentrait à sept heures trente. Le maréchal des logis G... parti pour Metz, sentait faiblir son moteur à hauteur de Pagny-sur-Moselle, par suite de l'encrassement d'une bougie. Il ne persévérait pas, mais lançait ses quatre obus de 90 sur la gare, où des trains de ravitaillement stationnaient. Le capitaine Max B..., allait jeter quatre obus de 90 sur la gare de Metz au-dessus de laquelle il arrivait à 2.200 mètres.

A neuf heures trente, nouveaux départs ; le maréchal des logis G... faisait une glissade sur l'aile, endommageait son appareil et se contusionnait légèrement. Le sergent B... revenait encore à son point de départ, son appareil s'obstinant à ne pas monter. Le capitaine B... allait lancer quatre obus, cette fois sur la gare de Pagny-sur-Moselle. Enfin, à une heure trente, troisième série : le capitaine B... bombardait Pagny-sur-Moselle, où il lançait encore quatre obus de 90. Le sergent B... jouant vraiment de malchance, avait une panne de tuyauterie d'essence qui l'obligeait à revenir atterrir, mais avec une énergie admirable, il repartait au crépuscule, après réparation, et allait jeter à son tour trois obus de 90 et une bombe de 10 kilos de mélinite sur la malheureuse gare de Pagny. Au total ces trois pilotes, au cours de la journée, avaient totalisé douze heures de vol et lancé 20 bombes, représentant 105 kilos de mélinite.

On conçoit la fureur des Allemands devant cet acharnement, suivi, lui, de résultats. Ils profitèrent du brouillard de la nuit suivante pour réaliser l'un de leurs rêves favoris, l'assassinat de civils par un Zeppelin.

J'avais la bonne fortune de me trouver à ce moment, à Nancy, tout près de la gare, et je pus suivre ainsi dans tous ses détails les diverses phases de l'agression. Car une fois de plus, Nancy où Guillaume II n'avait pu faire son entrée triomphale, était la victime choisie.

Il était cinq heures et demie du matin, lorsque la ville était réveillée par une détonation effrayante, sourde, mate, lugubre, qui fit trembler toutes les vitres. Ce bruit ne rappelait nullement le son, en quelque sorte captivant, du canon. Immédiatement, je me levais, me précipitais à la fenêtre, l'ouvrais : dehors, dans le froid glacial de l'aube encore lointaine, on ne distinguait rien. Le brouillard enfermait la ville dans du coton. Le Zeppelin était là devant moi, il n'y avait pas à douter au bruit de ses moteurs au ralenti, je le savais très bas, à 250 mètres au plus, en face de moi, mais impossible même de le soupçonner. Je voyais seulement la barre rouge que faisaient dans l'air les bombes tombant sur le sol. Quatorze projectiles furent lancés tour à tour avec une maladresse qu'excusait enfin l'obscurité complète. Une fois la provision versée, les moteurs furent lancés à toute vitesse, reprirent leur ronron assourdissant et énervant, afin de permettre au rigide de s'assurer une altitude convenable pour passer les lignes. Le fracas avait fait croire que les dégâts avaient dû être considérables : deux personnes seulement furent tuées et quelques maisons endommagées. Ce qui me sembla le plus curieux, ce fut la destruction partielle de quelques vitraux de la cathédrale : le vitrail en lui-même était resté intact, seul le personnage représenté au milieu était tombé, comme découpé avec un diamant.

Ajoutons que l'avion venu la veille sur Nancy avait lancé une proclamation dans laquelle il annonçait que sept Zeppelins viendraient chaque nuit bombarder Nancy et tous les forts de l'Est. Ayons de la reconnaissance envers ce pilote qui nous a prouvé une fois de plus que les rodomontades allemandes correspondent rarement à la réalité !

Mais l'attaque avait été si soudaine, si lâche, si traîtresse qu'il fallait sans tarder corriger d'importance les virtuoses du coup de couteau dans le dos.

Les avions de Toul et de Nancy s'en chargèrent aussitôt en allant bombarder les hangars de Metz et non la cathédrale ! Le maréchal des logis V..., le héros de Strasbourg, quittait Nancy à une heure un quart avec le lieutenant M..., comme bombardier. Ils passaient les lignes françaises à 1.600 mètres d'altitude. Dès le premier fort, le feu de l'artillerie ennemie commençait à retentir et pendant tout le voyage cette musique accompagnait le parasol sinistrement. Arrivés sur Metz, les aviateurs y constatent la présence des appareils de Toul de la même mission. Voici les hangars : le lieutenant M..., vise, les deux projectiles tombent juste au milieu. Et c'est le chemin du retour au milieu des obus lancés par les canons allemands. L'observateur en compte 120. Au-dessus de Saint-Blaise, l'un d'eux atteint l'appareil et se loge dans l'hélice qui, par un hasard extraordinaire, ne se brise pas. Un autre arrache les ailettes d'un cylindre, un troisième coupe une tige de culbuteur. Celui-ci défonce complètement le capot. Enfin, l'officier se lève et crie au pilote : « Pont-à-Mousson. Nous sommes sauvés ! » Et l'avion rentre cahin-caha au port d'attache où les dégâts sont constatés.

Pendant ce temps, trois pilotes, seuls à bord, opéraient de leur côté ; ils avaient pris le départ à midi trente dans l'ordre suivant : sergent L... maréchal des logis V..., sergent P... Ils se présentaient au-dessus de Metz par le sud et, faisant une boucle au-dessus des hangars, déclanchaient leurs obus sur l'endroit indiqué. Ils constataient l'éclatement efficace de tous les projectiles. Chacun avait lancé quatre bombes.

De plus le maréchal des logis V..., lâchait 2.000 fléchettes et le sergent P... 1.000. Ce bombardement s'effectua dans des conditions remarquables. Les trois biplanistes opérèrent avec un rare sang-froid, malgré le feu incessant de l'artillerie ennemie, et ne craignirent pas de revenir sur leur objectif pour observer les ravages de leurs attaques. Quelques jours après, on apprenait de source sûre que les fléchettes lancées par le maréchal des logis V... avaient fait 300 victimes.

La réponse avait été bien française : à l'attaque faite à la faveur du brouillard et dont les résultats avaient été misérables, nos aviateurs avaient riposté par l'envoi de 14 bombes et 3.000 fléchettes bien placées.

La leçon fut bonne, à en juger par la sagesse relative dont firent preuve depuis les assassins de l'air d'Outre-Rhin, mais elle ne sembla pas assez complète au capitaine B..., alors chef de l'escadrille Bl. 18. Il voulut clôturer l'année par un coup d'éclat. Il y réussit, et je me souviendrai toujours des heures d'angoisse que je passai en cette nuit du 30 au 31 décembre, pendant que s'effectuait le premier vol nocturne de bombardement par une escadrille !

L'officier fit venir ses aviateurs, il leur expliqua

son intention, ne les obligea pas à le suivre, et se contenta de leur dire :

« Moi, je pars ! s'il en est parmi vous qui désirent m'accompagner, j'en serai heureux... »

Les trois pilotes présents acceptèrent sans hésitation. Et pourtant, l'expédition était grosse de risques et fertile en périls ! Je passai la soirée avec les aviateurs qui allaient partir dans l'inconnu, sans aucune préparation, la tête, me semblait-il, bourrée de toutes les idées macabres émises au sujet de ces sortes de vols. Jamais je n'ai vu d'hommes aussi calmes ! En les regardant, je ne pouvais m'empêcher de me demander : « Combien en reviendra-t-il ? » C'étaient les sergents B..., du T... et le caporal C... Je me rappelais malgré moi les derniers moments d'un condamné à mort auxquels j'avais assisté une fois. Je prévoyais la nuit d'horreur qui allait recommencer !

Mais les trois camarades restaient placides, plaisantaient et, après un bridge, nous fîmes une partie d'échecs, le sergent B... et moi. Ces deux jeux nécessitent une certaine contention d'esprit. A aucun moment, les pilotes qui allaient partir ne commirent la moindre erreur. Ce flegme que je constatais chez chacun restera dans mon esprit comme l'un des plus beaux traits de stoïcisme, d'héroïsme que j'aie enregistré dans cette guerre, où pourtant j'en ai noté un si grand nombre. Le vrai courage ne consiste pas tant dans la belle tenue devant le danger que dans le calme de l'homme conscient du péril qu'il courra dans quelques instants.    -

Rien n'avait été spécialement préparé. La nuit était relativement claire, sans vent. Les conditions atmosphériques étaient favorables. Le raid audacieux avait été décidé à l'improviste. A neuf heures et demie, les pilotes s'engageaient à suivre leur chef. Les mécaniciens préparaient les « cou-cous », ils faisaient le plein d'huile, d'essence, non sans avoir fait chauffer consciencieusement l'huile pour qu'elle ne gèle pas. Ils sortaient les appareils des hangars à dix heures et demie, dans la nuit glaciale. L'adjudant F... allait en tracteur à une quinzaine de kilomètres du centre, en un point désigné par le capitaine pour y préparer un ravitaillement et un terrain d'atterrissage de fortune en cas de panne. Et, à onze heures moins le quart, nous quittions notre cabane pour nous diriger vers le départ. Les pilotes, pour s'éclairer à bord, lire leur carte et consulter la boussole, disposaient uniquement d'une petite lampe élec-

trique de poche ! Ils n'avaient nul autre dispositif modifiant leurs avions habituels, avions et
moteurs fatigués par une longue et dure campagne, et non à l'abri des pannes, au contraire.
Parmi ces appareils celui du sergent B... venait
même d'être réformé pour insuffisance de
puissance ascensionnelle !

En une demi-heure tout avait été prêt, tant
les mécaniciens avaient tenu à faire preuve de
zèle dans des circonstances aussi dramatiques.

Le spectacle était vraiment impressionnant.
Tout, même les plus petits détails, ajoutait à la
grandeur de ces instants. Sur l'aérodrome avaient
été sortis tous les tracteurs et la voiture légère de
l'escadrille. Leurs phares avaient été allumés,
pour servir de points de repère au retour. Près de
ces phares, accroupis, de côté, pour ne pas masquer
la lumière aux mécaniciens, les pilotes étudiaient
et préparaient leur carte. La nuit était belle, les
nuages haut, tout était calme et les étoiles scin-
tillaient, semblant vouloir augmenter la féerie
de cette glorieuse fin d'année, de cette épopée
aérienne !

Il est dix heures quarante-cinq ! Le plus jeune
pilote va s'envoler le premier. Auparavant, le
capitaine réunit ses collaborateurs, leur fait ses

dernières recommandations, et sa voix émue montre qu'il n'ignore pas plus l'étendue de la tâche à accomplir que le cortège de dangers qui l'accompagne. Les appareils sont rangés sur une même ligne. A chaque départ, les mécaniciens avanceront de quelques mètres l'avion prêt à l'envol. Les pilotes montent à bord, essaient leur lampe, vérifient leurs manettes, assurent leurs effets chauds qui les gênent. Et tandis que dans le lointain nous apercevons les lueurs des projecteurs, les traînées des obus et les flammes des éclatements du duel d'artillerie qui se déroule, tandis que le bruit du canon fait rage, le premier appareil, monté par le caporal C... prend le départ. Il roule quelques mètres, décolle et s'enfuit. La lune se réfléchit sur les gracieuses ailes blanches, ailes d'espérance, ailes de vengeance. A mesure qu'elles s'éloignent, elles semblent s'élargir, prendre plus d'ampleur. Le sol est blanc de gelée. Le spectacle est lugubre, angoissant, splendide. On dirait un tableau à la Detaille : le rêve de l'aigle !

Chaque pilote emporte deux bombes, sauf le sergent B... qui a trois obus de 90 et une bombe be de 10 kilos de mélinite.

Bientôt, à moins de 200 mètres, on ne distingue plus l'avion qui vient de nous quitter. Il tourne autour de nous pour prendre de la hauteur, nous l'entendons, mais ne le voyons pas. Ce n'est qu'au moment où il passe devant un nuage blanc que nous le distinguons comme une ombre maintenant toute noire.

Dès que le premier pilote est parti, on téléphone à la Place pour annoncer qu'une escadrille s'envole vers l'Allemagne et demander que des ordres soient donnés pour qu'on ne tire pas sur elle.

Le sergent B... part le second. Il décolle au moment où son camarade passe au-dessus de nos têtes. Les mécaniciens, plus émus qu'ils ne voudraient le paraître, parlent entre eux, à voix basse. Grelottants, ils disent : « Les pauvres vieux, s'ils ne se tuent pas, ils mourront de froid. Ah ! ces sales Boches, s'ils peuvent prendre ces obus sur la tête ! » Et chacun de penser qu'il ne reverra peut-être pas le pilote auquel il est attaché. Les braves garçons étaient déjà couchés et dormaient quand on est venu les prévenir de mettre les appareils au point pour la randonnée nocturne. En plein hiver, être réveillé dans le premier sommeil est pourtant un moment pénible à passer : c'est avec enthousiasme qu'ils sont venus en hâte au travail, mais maintenant ils ont peur, ils redoutent un malheur !

Quelques secondes après le sergent B...,

c'est au tour du sergent du T.... Son camarade n'a pas tourné sur l'aérodrome comme le caporal C... Il a piqué droit vers Metz. Il gagnera la hauteur nécessaire avant de passer les lignes. Nous n'apercevons dans le ciel le sergent du T... qu'aux lueurs de sa petite lampe électrique qu'il éclaire à plusieurs reprises : il donne l'impression d'une étoile filante.

A ce moment, on entend sonner onze heures : les onze coups tombent comme un glas, accompagnant le bruit des moteurs et le fracas des canons.

Le capitaine B... part à la poursuite de ses collaborateurs...

. . . . . . . . . . . . . . . . . . . . .

Maintenant, l'attente, la cruelle angoisse de l'attente ! Personne n'ose se parler dans la crainte d'entendre les paroles pessimistes que chacun pense. Nous nous évitons pour ne pas mêler nos alarmes ! Nous attendons dans le froid glacial. Nous savons que nous n'enregistrerons aucun retour avant une heure et demie au moins, mais personne ne veut quitter le champ. Nous restons figés, l'œil fixé sur l'horizon, l'oreille aux aguets. Nous sommes le jouet de mirages, d'hallucinations : il nous semble apercevoir dans le lointain du côté de Pont-à-Mousson, une lueur qui vacille, change de couleur, se déplace lentement. Il n'y a pas de doute, c'est un Zeppelin ! Nous l'espérons, nous le réclamons presque, tant nous voudrions l'accueillir à coups de fusils. Mais ce n'était rien, on ne distingue plus, une étoile sans doute.

Les mécaniciens vont au milieu de l'aérodrome répandre des bidons d'essence sur trois lignes parallèles pour y mettre le feu dès qu'un bruit de moteur sera entendu, afin d'indiquer aux aviateurs l'endroit où ils devront atterrir... s'ils reviennent !

Il y a trois quarts d'heure que le premier est parti lorsqu'un ronronnement est perçu, grandit, grossit, devient plus distinct. Non, ce n'est pas une automobile sur la route, c'est bien le bruit particulier du rotatif. Qui est-ce ? Vite, le feu à l'essence. L'appareil approche, arrive, nous ne le voyons pas, il descend, se pose, c'est alors seulement que nous distinguons faiblement sa masse. Nous courons. C'est le sergent du T... Il n'a pu se diriger sur Metz :

— Je ne pouvais voir quoi que ce soit, nous explique-t-il. J'apercevais bien les forêts, mais impossible de retrouver les routes. Quant à ma lampe, elle n'a pas de cran d'arrêt et je ne pouvais me servir en conséquence de ma carte. J'ai failli faire tomber un obus en le tirant avec la ficelle de ma lampe. Je ne distinguais pas même Nancy. Dans ces conditions, j'aurais pu faire un malheur et j'ai préféré revenir.

L'atterrissage effectué du côté où le terrain n'était pas éclairé fut parfait, plein de douceur et prouva qu'avec un maître à bord, les descentes dans la nuit sont parfaitement possibles.

Le lendemain on apprit pourquoi le sergent du T... n'avait pu voir le sol : ses verres de lunettes avaient une teinte légèrement jaunâtre qui rendait tout obscur.

Vite, on retire l'appareil pour laisser le champ libre, et, devant les hangars où nous sommes rangés, nous apercevons au loin les mécaniciens, vestales modernes, ravivant le feu d'essence pour l'empêcher de s'éteindre.

L'attente continue fébrile et douloureuse dans le silence de la nuit, complet, maintenant et entrecoupé seulement, de temps en temps, par le bruit des pas dans les hangars ou le transport des bidons d'essence. Nous battons la semelle. Le froid devient de plus en plus vif.

Une heure et quart depuis le premier départ ! Nous commençons à être nerveux. L'inquiétude croît ! Mais bientôt, au bout d'un siècle, nous semble-t-il, un moteur se fait entendre. Il est minuit vingt-cinq. Qui rentre ? Reviennent-ils dans l'ordre normal ou l'un d'eux est-il tombé au cours de sa périlleuse randonnée ? Le ronronnement de triomphe s'élève, enfle la voix, et quelques instants après, l'appareil va se poser, comme en plein jour. Nous finissons par l'apercevoir lorsqu'il n'est plus qu'à cinq mètres du sol. Le pilote coupe l'allumage et atterrit. Dans notre hâte à savoir qui arrive, à avoir des nouvelles, plusieurs d'entre nous se prennent les pieds dans les ornières et s'effondrent sur le sol. Nous arrivons près du monoplan et nous trouvons C..., transi de froid qui va vite se chauffer aux flammes d'essence. De 2.800 mètres d'altitude, il a lancé ses bombes sur la gare de Metz. Une immense gerbe de feu s'éleva dans les airs. Il se plaint d'avoir été gêné par le manque de visibilité pour le retour.

A peine son appareil est-il rentré aux hangars qu'un nouveau bourdonnement se fait entendre. Ce doit être le moteur du sergent B... Il est minuit trente-cinq. Non, ce n'est pas ce pilote. C'est le capitaine B... L'enthousiasme grandit. Mais on n'entend plus rien. Qu'est-il arrivé à B... ? Parti le second, il devrait être là ! L'inquiétude recommence, plus poignante que jamais. Les esprits, fortement surexcités par ces minutes d'angoisse, ont vite fait de soupçonner le drame.

Un coup de téléphone ! B... annonce qu'il a atterri au retour, sa mission accomplie, près des lignes. Et c'est aussitôt un soupir de soulagement, de joie ! Nous sommes maintenant tout à l'émotion du voyage triomphal !

Le capitaine B... nous apprend qu'il a lancé ses deux obus de 90 sur la gare de Metz. « Les lumières de Toul et de Nancy, déclare-t-il étaient très peu visibles, mais celles de Frouard aidaient énormément l'aigle devenu chauve-souris. Quant à la ville de Metz, elle était éclairée comme un soir de fête. Dès la région de Toul, on pouvait apercevoir ses lueurs à 600 mètres d'altitude. On n'attendait évidemment pas notre visite. »

Puis, parlant de l'entreprise en elle-même, il conclut :

« L'atterrissage sans projecteur à bord de l'appareil présente de réelles difficultés, car il est impossible de distinguer à la vue si l'avion se trouve à 3 mètres ou à 50 centimètres du sol. Les atterrissages doivent se faire à coups de contact successifs jusqu'au moment où l'appareil frôle la terre avec une de ses roues.

Des volontaires sont demandés pour aller porter

secours au sergent B... et nous partons aussitôt avec un tracteur et une remorque. Le caporal C... le mécanicien de B..., Pierre N..., deux aides et moi, rejoignons l'adjudant F... Non loin de l'endroit qui lui avait été assigné, s'effectua la descente prodigieuse du sergent, sans repère, sans lumière. Nous trouvons le pilote auprès de son appareil. Nous lui demandons des nouvelles :

« J'ai bien failli y rester, nous dit-il en souriant, et faire mon premier atterrissage nocturne en Allemagne. A quelques kilomètres du but je m'aperçus que l'huile n'arrivait plus. Je regardai où j'étais. Je n'avais pas emporté de carte, car j'avais déjà étudié l'itinéraire. Je me rendis compte que je me trouvais au-dessus d'Arnaville, importante bifurcation de chemin de fer. Plutôt que de continuer un voyage impossible, j'ai préféré lâcher mes projectiles sur la gare qui reposait sous mes ailes. Leur effet fut très grand, surtout celui produit par la bombe de 10 kilogrammes de mélinite : les flammes provoquées firent un violent remous que je sentis malgré mes 1.600 mètres d'altitude. Le bruit de l'explosion couvrit le fracas du moteur. Puis je fis demi-tour et rentrai, mais mon moteur continuait à faiblir, et je trouvai prudent de me poser sur ce bon terrain.

Ah ! le bon terrain ! Imaginez un vallonnement couvert de trous, d'ornières et de tranchées, où un aviateur ordinaire se serait rompu les os en plein jour. B... atterrit dans la nuit et parvint à ne rien casser. Tous les spécialistes qui se trouvaient là n'en pouvaient croire leurs yeux.

Avec l'accompagnement du canon, tout près des lignes, nous procédions alors au démontage de l'appareil et, à trois heures du matin, nous rentrions à Toul avec le capitaine B... qui avait tenu à venir féliciter son glorieux émule. »

Ainsi se termina cette fantastique épopée, qui, il y a quelques mois seulement, narrée dans un roman, aurait semblé appartenir au domaine de la plus folle fantaisie et paraît absolument normale aujourd'hui.

## UN BOMBARDEMENT
## NOCTURNE

Le bombardier doit être avant tout loyal et
consciencieux : loyal, afin de ne pas se vanter
de résultats dont il ne peut se rendre compte que
très rarement ; consciencieux, parce qu'il ne lui
faut remplir sa mission que lorsqu'il est sûr de
voler au-dessus de l'objectif désigné. Le vol que
nous allons raconter indique ce cas de conscience
de l'aviateur, qui préfère rentrer avec son chargement d'explosifs plutôt que le lancer peut-être
sur un endroit où il ferait d'innocentes victimes.
C'était au cours d'une expédition nocturne accomplie par une escadrille du camp retranché de
Paris. Cette précision ouvrira les yeux à ceux qui
prétendaient que les pilotes de ce service délicat,
difficile et dangereux, n'ont pas droit aux récompenses honorifiques. Les héros de ce raid étaient
le sous-lieutenant Jacques de L..., pilote, et
le lieutenant Norbert G..., observateur bombardier.

Laissons la parole à celui-ci :

« 21 heures 30. Nous sommes sur le plateau.

« — Vous avez mis les cales devant les roues de l'appareil ? demande de L... à son mécanicien.

— Oui, mon lieutenant.

— Mettez en marche.

« Le sapeur tourne la manivelle, par coups saccadés d'abord, puis plus vite. Quelques explosions, une série, et enfin un ronflement sonore, puissant, formidable. Dans la nuit, neuf aigrettes de flamme bleue illuminent le tournoiement de l'hélice et les plans du V-785. Le hurlement baisse de ton. Un signal : « Enlevez les cales. » Le hurlement reprend, mais, cette fois, l'appareil s'ébranle, court sur le sol, accélère, décolle. Il semble à peine plus haut que la ligne sombre des grands arbres qui borne l'horizon au nord. Passera-t-il ? Il vire avant d'y arriver et revient, montant graduellement. Nous le perdons de vue dans le ciel obscur. La campagne endormie dans la brume, que ne parvient pas à illuminer une pleine lune blafarde, n'est pas éveillée au ronflement qui la couvre tout entière.

« Tout à coup une étoile s'allume. C'est le projecteur rougeâtre de l'avion. En nous indiquant a place juste au-dessous de la lune, il permet à nos yeux avertis d'entrevoir sa silhouette une seconde. A cet instant, un jet de lumière fuse à l'horizon nord, vers le ciel. Un projecteur ! Il s'agite en tous sens, cherchant l'avion, se resserre, puis s'étale, pour se resserrer encore.

« L'étoile du V-785 s'éteint. Il disparaît vers les lignes et son ronronnement s'évanouit dans la nuit, dans la brume.

« Un coup sourd, le canon, un coup encore, deux, trois, plus rien, deux coups, le silence, un coup. Nous tendons l'oreille, mais une voix qui s'élève près de nous l'emplit.

« — A vous, dans trois minutes, dit le camarade préposé aux départs.

« Même cérémonie que pour de L... et nous voilà à notre tour dans l'espace. Le V-792 monte bien, son moteur hurle à plein échappement, crache le feu. La petite lampe électrique de Jacques de L... projette sur l'altimètre et la boussole une vague lueur, mais ne parvient pas à éclairer la carte placée devant lui. En revanche la lune illumine le compte-tours. Il marque 1.300. C'est bon, 400 mètres. Autour de nous, une brume très légère ; au-dessus, un ciel clair avec une pleine lune superbe ; au-dessous une brume épaisse. Le sol est pour ainsi dire invisible. Six petits points rouges et une lumière clignotante jalonnent le terrain ; un pâle ruban argenté à notre gauche doit être la rivière. Si nous ne savions pas que ce doit être elle, on croirait plutôt à un simple banc de brume ondulé par les remous.

« Quelle est cette odeur ? Cela sent le brûlé ! Non, ce doit être des feux d'herbes sèches dont la fumée s'est arrêtée dans le brouillard que nous traversons à 600 mètres. Jacques éteint les lumières de positions. Nous filons nord. L'odeur augmente. Ne nous hallucinons pas, et cependant, oui, vraiment, ça brûle. J'en suis sûr. Je lui crie : « Dis donc, ça sent le brûlé ! » Pas de réponse.

« Adieu-va ! Dès lors, soit qu'il n'ait pas entendu, soit qu'il ne veuille pas en tenir compte, allons vers notre devoir... et notre destinée. Toutefois, luttons, car il y a quelque chose qui brûle et il faut le trouver. Je déboucle ma ceinture et, debout sur mon siège, je tâte les cylindres, les réservoirs, les radiateurs, il n'y a rien et ça ne sent rien. Je me retourne, une bouffée d'odeur entre dans mes narines ! C'est donc dans la nacelle que le feu couve, mais où ?

« Voilà le projecteur qui nous cherche ! Pourvu qu'il n'éblouisse pas Jacques... Un autre. Alors, c'est que le premier est français et l'autre ennemi. Nous passons les lignes. Ils sont bientôt l'un et l'autre loin derrière, mais où est la rivière, maintenant ? Ah ! la voici, un microscopique filet d'eau sinueux, court entre deux collines abruptes et boisées avec une route et un canal.

« L'odeur me suffoque, je retourne voir dans le moteur. Quand je reviens à ma place, plus de rivière, plus rien que la brume partout. C'est dans ces cas-là que le pilote peut perdre l'horizontale et s'engager dans une fatale glissade...

« Ah ! voici la vallée à nouveau !

— Voyez-vous l'Oise ? me demande Jacques.

— Oui, à gauche, à gauche.

« Il m'y mène doucement et nous continuons notre route N.-E. L'odeur augmente encore, il n'est pas possible qu'il ne la sente pas.

« Voyons l'heure : 22 heures 35. Il y a 27 minutes que nous volons. A 90 kilomètres à l'heure, cela fait 40 kilomètres, et Noyon n'est qu'à 29. Comme la ville n'est pas sur la rivière, nous avons dû passer au sud sans voir notre objectif.

« Je crie :

— Demi-tour !

— Pourquoi ?

« J'explique.

— Oui, me dit Jacques, et puis cela sent rudement le brûlé.

— Ah ! oui, il y a sûrement le feu en quelque endroit.

— Quelle route ?

— Sud-ouest.

« Nous rentrons : pourvu que nous arrivions avant que le feu éclate définitivement !

« Dans cette nuit et cette brume, avec les bois au-dessous de nous, s'il nous faut atterrir, nous ne serons sûrement pas prisonniers, car, dans cette hypothèse, l'écrasement au sol n'est pas une vraisemblance, mais une certitude.

« Voyons, de l'énergie ! Travaillons, cela nous évitera de penser.

— Jacques, si je jetais les bombes ?

— Non, mon vieux, il n'y a pas que des Boches là au-dessous ; il peut y avoir des paysans français restés dans leurs foyers.

— Oh ! si peu !

— Peut-être, mais il ne faut pas courir ce risque.

— Soit !

Où sommes-nous ? Je ne vois plus la rivière. Rien que des bois. Allons-nous, pour comble, être perdus avec l'incendie qui va éclater d'un instant à l'autre ?

« La lune sereine à notre gauche n'éclaire que le dessous de la brume, au travers de laquelle on devine des formes et des lignes indécises. Pas de rivière. Ah ! voilà ! Un jet de lumière fuse verticalement à notre droite. C'est le projecteur ennemi que notre moteur a réveillé. Dieu soit loué ! Le rayon nous cherche, nous illumine un instant et nous perd. Un éclair, deux, une série : on tire, là, en bas. Est-ce sur nous ? Peu importe ; auprès du feu qui nous menace, l'éventualité d'une balle ou d'un éclat d'obus paraît bénigne. Il y a de l'une à l'autre la différence de la foudre au supplice, de la syncope au martyre.

« Une lumière clignote au loin... Le champ ? Mais oui... Enfin ! Voici l'Oise, le plateau. Jacques met le moteur au ralenti, et à mesure que nous plongeons vers le sol, l'odeur monte, suffocante. Atterrissage... Ouf !

« Explications avec de L..., on cherche et on examine l'avion, rien. Ce doit être une odeur qui vient des obus. Discussion.

« Nous ne sommes pas des hallucinés, pourtant, dis-je.

« Voilà, s'écrie juste à ce moment notre fidèle mécanicien N.... Tâtez le disjoncteur, mais méfiez-vous de vous brûler.

« En effet, la boîte d'aluminium est brûlante, un court-circuit, entretenu par le courant de la dynamo d'éclairage, a tout brûlé, fondu, calciné, détruit à l'intérieur mais comme elle était étanche, le feu n'en est pas sorti... Ce n'était pas ce soir notre tour...

« N'empêche, je fais une bonne prière mentale de remerciements, tandis que j'aide le mécanicien à démonter l'organe avarié, car nous avons demandé à repartir.

« Une heure après, nous étions sur l'objectif et tirions avec soin nos quatorze obus, sans une émotion, cette fois ! »

Au cours de cette nuit du mois d'août 1915, l'escadrille du camp retranché de Paris, qui opérait, laissait tomber, entre 22 heures 30 et 3 heures, cent vingt-sept bombes et quatorze bidons incendiaires sur la gare de Noyon.

Les observateurs sont généralement des officiers qui ont fait déjà leurs preuves dans d'autres armes. Blessés le plus souvent et incapables de continuer à servir dans leur unité, leurs états de services brillants leur permettent d'obtenir de passer dans l'aviation. Ils constituent une véritable sélection. Certains se couvrent de gloire et nous terminerons cette étude en faisant le récit de la carrière héroïque de l'un d'eux.

Le lieutenant Rémy G... était un sportsman dans toute l'acception du mot. Tous les exercices physiques lui étaient familiers et, il y a quatre ans, lors du raid militaire Biarritz-Paris, sans aucun entraînement, sans préparation, avec un cheval qu'il ne connaissait pas, il se classait parmi les premiers en compétition avec des cavaliers de profession.

Parti comme lieutenant de réserve aux premiers jours d'août 1914, il fait toute la campagne de Charleroi à la Marne dans un régiment d'infanterie.

Au combat de Chevanges, le 26 août, il a un cheval tué sous lui. Malgré les contusions reçues dans sa chute, il repart immédiatement transmettre l'ordre donné. Il est proposé pour la Légion d'honneur et cité à l'ordre de l'armée en ces termes :

« *A montré en toute circonstance, de jour comme de nuit, l'élan le plus généreux, avec un mépris absolu du danger, pour assurer la liaison avec les troupes engagées au feu.* »

En septembre, au combat de la Fère-Champenoise, en face des Allemands, sur un terrain balayé par les balles, il fait un rempart de son corps à son général en danger. « C'est pour moi, écrivait cet officier supérieur, un trait sublime de cette terrible guerre qui a gravé à jamais dans mon cœur le souvenir du lieutenant G... » Nouvelle proposition pour la Légion d'honneur.

Le 17 octobre, il va relever dans les conditions les plus périlleuses le plan de tranchées allemandes : nouvelle citation. Le 18 octobre, il sollicite la mission de rechercher un chemin d'accès dans un village occupé par l'ennemi; il pénètre dans cette localité au péril de sa vie et revient pour conduire le bataillon d'attaque : troisième citation, troisième proposition pour la croix.

L'hiver de 1915 le voit toujours vaillant et audacieux. Une nuit, il va faire sauter un réseau de fils de fer pour préparer un assaut de tranchées. Il est désigné comme officier de liaison. De tous les officiers de son régiment, partis en août avec lui, il reste le seul. « Faut-il vous donner l'emploi de mon temps ? écrit-il. Voici ma journée du 19 : départ à 3 heures du matin avec quatre chasseurs à cheval ; 17 kilomètres à faire par pluie battante ; arrivée à 5 heures. Je me rends en auto à proximité des tranchées, puis à pied jusqu'aux tranchées. A 6 heures et demie, attaque ; je suis, la main au téléphone, les péripéties du combat, renseignant l'État-Major du corps d'armée ou l'artillerie ; les blessés tombent autour de moi. A 9 heures et demie, accalmie relative. Je rentre en auto et mets mes notes au clair. Je vais prendre mon repas! On demande un observateur en aéroplane. Je repars à 2 heures dans un biplan armé d'une mitrailleuse ; 2 heures de vol par 20 degrés au-dessous de zéro. Copieusement canonné. Atterrissage à 4 heures. Retour au corps d'armée. Compte rendu jusqu'à 5 heures. Rentré à cheval au cantonnement (17 kilomètres) à 7 heures du soir. Au total 16 heures pendant lesquelles j'ai déjeuné avec quelques cigarettes et un demi-verre d'alcool. Demain, après une bonne nuit sur la paille, je serai prêt à recommencer. »

Cette vie active, dévorante, le passionne. « Moral toujours excellent, écrit-il encore, toujours content de mon sort, du moment que la santé est bonne. Je ne me plains de rien, et fais ce que l'on me commande avec le plus grand zèle. »

Entre temps, il trouve moyen de multiplier ses sorties en avion, saisissant toutes les occasions qui se présentent, car il n'appartient pas à la cinquième arme. Dès le premier vol, il est conquis : « C'est une chose admirable et une arme formidable. Avec l'aéroplane renaît la chasse : l'adresse, le courage, l'intelligence — comme le dit M. Séché — en un mot, la valeur personnelle reprend son rang, le premier. A l'homme du premier âge toujours amoureux du risque, toujours heureux de jouer sa vie contre une autre, s'additionnent l'homme moderne et son savoir. »

Dès lors, il n'a plus qu'un désir : entrer dans l'aviation, et il adresse sa demande.

La note de son général de brigade le fait agréer aussitôt : « « *Officier très vaillant, courageux jusqu'à la témérité, plein de sang-froid, le lieutenant Rémy G... a déjà fait ses preuves et rempli avec succès des missions très périlleuses. Il rendra les plus grands services comme observateur. Bien que son départ doive être une perte pour la brigade, je le désigne dans l'intérêt général de l'armée.* »

Oui, mais les appareils de reconnaissance ou de réglage ne le satisfont pas. Ce qu'il rêve, c'est de monter un avion de chasse. Il passe l'examen d'observateur d'armée, il est reçu. La série des grands vols commence. Il se laisse aller à un enthousiasme vibrant, toujours animé du plus pur patriotisme.

« C'est si beau, là-haut ! Du bleu plein les yeux, plein l'âme... Ne vous effrayez pas, il n'y a de danger que celui qu'on craint. »

Pourtant, il ne se dissimule pas le péril. Depuis longtemps il a fait le sacrifice de sa vie : « Nous partons en chantant au-devant d'un demain qui est peut-être la mort... Nous sommes grisés d'idéal.

« Je n'ai pas peur de la mort, je la regarde en face chaque jour. Ceux qui reviendront et m'auront connu vous diront que j'ai toujours marché droit, sans me soucier du danger, accomplissant de tout mon cœur ce qui m'était commandé.

« Demain nous importe peu : nous sommes sûrs de la victoire. »

Il va bombarder une gare importante et revient le nez à moitié gelé. Il livre deux combats dans la première quinzaine de décembre « sans avoir pu malheureusement arriver à la chute de l'adversaire, mais par contre notre avion est littéralement criblé de trous comme une écumoire.

« La poursuite est passionnante : il y a le temps à Boche comme il y a le temps à canard. Le Boche aime piquer dans le vent pour revenir vent arrière. Donc, par vent de nord-ouest ou d'ouest, il y a des chances de rencontrer chez lui le gibier de choix. »

A la fin de janvier, en attendant de partir comm» élève pilote, il monte un nouveau biplace de chasse « léger et rapide, propre à l'attaque comme à la défense. J'ai comme pilote le sergent G..., un homme énergique qui a déjà fait ses preuves. »

Chargé de la protection d'avions de reconnaissance, il aperçoit le 2 février un Fokker qui survole Péronne. Sans hésiter, le sergent G... fonce droit sur lui et notre lieutenant engage le combat à 3.000 mètres d'altitude. Les deux adversaires échangent des coups de mitrailleuse. Tout à coup, les témoins ont l'impression que le pilote français vient d'être tué raide. Le Nieuport, sans direction, pique brusquement vers le sol et s'abat en tournoyant dans les lignes ennemies. Le sergent G... avait eu la tête traversée par une balle. D'après le communiqué allemand l'observateur avait été relevé grièvement blessé.

Et l'on songe à ses malheureux parents, à sa femme, le sachant grièvement atteint sans pouvoir sé rendre près de lui, lui faire parvenir le moindre mot, ni même recevoir la moindre nouvelle. Un mois et demi après, l'affreuse certitude venait mettre un terme tragique à ces heures d'angoisse et de torture : le malheureux, atteint de plusieurs balles, n'avait survécu que quelques heures à sa chute.

Une nouvelle citation terminait la carrière de ce brave, proposé cinq fois en vain pour la Légion d'honneur.

« *Ses belles qualités de cœur, son courage chevaleresque, son sentiment élevé du devoir, ses profondes convictions religieuses, son âme d'élite, écrivait son chef, font de lui un des plus beaux types de soldat que j'aie rencontrés dans ma vie de campagne.* »

Rémy G... a trouvé une mort glorieuse et une fin digne d'un sportsman, celle qu'assurément il avait choisie...

Il est entré vivant dans son rêve étoilé,

plein de vie, plein de force, laissant à 29 ans quatre petits enfants qui pleurent leur père, mais envient le héros.

Tels sont nos observateurs d'avion.

# TABLE DES MATIÈRES




Etampes. — Imp. " La Semeuse ". — 80.007